Julia Hupel & Julia Huthmann

Juhu, Jackfruit!

Lieblingsgerichte kochen – schnell, modern, pflanzlich

HANS-NIETSCH-VERLAG

„Als ich 2015 zum ersten Mal über die Jackfruit in einem Curry stolperte, erkannte ich sofort ihr Potenzial für die moderne vegetarische Küche und *Jacky F.* wurde geboren."

Julia Hupel hat Wirtschaftswissenschaften und Öko-Agrarmanagement studiert. Seit 2016 bloggt sie auf „Der Veg ist das Ziel", wo sie auch ihre veganen Rezepte vorstellt. Außerdem hat Julia einen immerwährenden Nachhaltigkeitskalender entwickelt und ist eine der GründerInnen von „Evergreen Ideas". Die Bloggerin ist selbstständiger Online-Marketing-Coach für nachhaltige Unternehmen und lebt und arbeitet in Andalusien/Spanien.

„Mit meinen Rezepten möchte ich meine Leidenschaft für leckeres Essen und nachhaltigen Lifestyle mit euch teilen!"

Julia Huthmann hat einen Diplom-Abschluss im Fachbereich „Wirtschaftsingenieurwesen Logistik". Sie war für *Alnatura* in der Abteilung für Nachhaltigkeit tätig und lebte dann drei Jahre in Sri Lanka und beriet dort Unternehmen in Sachen „Nachhaltigkeit". Im Februar 2016 gründete sie das Unternehmen *Jacky F.*, mit dem sie nachhaltiges Wirtschaften im internationalen Handel auf Augenhöhe umsetzen möchte.

Julia & Julia

Der Titel unseres Buches **Juhu, Jackfruit!** ist zuerst einmal ein Jubel für eine neue Zutat, die eure Geschmäcker begeistern wird. Auf den zweiten Blick sind es **vier Js**, die eine kulinarische Geschichte zu erzählen haben, denn alles hier dreht sich um: die **J**ackfruit, *Jacky F.* und uns zwei **J**ulias.

Genau genommen bekommen wir beide die Jackfruit seit mehr als drei Jahren nicht mehr raus aus unseren Köpfen und Kochtöpfen. Wenn ihr euch jetzt fragt: „Jack…, was bitte? Hab ich ja noch nie gehört!", dann warten gleich im Anschluss die ersten Informationen und anschließend viele Kochideen rund um die neue Trendfrucht auf euch. Unsere 37 Rezepte zeigen, dass und wie ihr auch eure Lieblingsspeisen schnell und einfach „jackfruitisieren" könnt. Die Gerichte, die wir euch vorstellen, sind gesund, die meisten sind etwas für die schnelle Küche und viele stehen für eine spezielle Ernährungsweise – sei es nun **vegan, low-carb** oder **glutenfrei**. Und allesamt sind sie unglaublich lecker!

Die „Superfrucht" Jackfruit – und so kann man sie ruhig nennen angesichts ihrer beeindruckenden Größe und ihres enormen Gewichts (siehe Seite 12 f.) – ist die neue Alternative in einer modernen, bewussten und nachhaltigen vegetarischen oder veganen Küche. Das wurde mir, Julia Huthmann, schnell klar, als ich 2015 in Sri Lanka zum ersten Mal über die

Jackfruit als Zutat eines Currys stolperte. Und damit wurde *Jacky F.* geboren, das erste *Food Start-up*-Unternehmen rund um die Jackfruit. Ungefähr zur gleichen Zeit verschlug es Julia Hupel nach Spanien. Sie wollte ihre Leidenschaft für leckeres Essen und nachhaltigen Lifestyle mit anderen teilen und startete mit ihrem Blog „Der Veg ist das Ziel". Eines Tages stolperte sie über die Jackfruit von *Jacky F.* So fanden wir Julias zueinander ...

... und jetzt haben wir für euch unsere Lieblingsrezepte mit Jackfruit ausgesucht. Sie sind alle relativ schnell und unkompliziert in der Zubereitung, vegan und vegetarisch, passen also in eine moderne, bewusste Küche. Unsere Würzmischungen für die verschiedenen Jackfruit-Varianten (siehe vordere und hintere Umschlagklappe) sowie die Dips und Saucen (Rezepte Seite 18 ff.) gehören zu den Basics und geben euch alles mit auf den Weg, was ihr braucht, um selbst kreativ zu werden. Und mit ein wenig Erfahrung und Experimentierfreude könnt ihr so ganz einfach mit der Jackfruit kochen und dabei neue Gerichte kreieren. Eines garantieren wir euch: **Mit der Jackfruit wird es nie langweilig!**

Mehr über die Jackfruit, *Jacky F.* und Julias Küche folgt auf den nächsten Seiten, und falls ihr jetzt schon Appetit bekommt: Ab Seite 18 findet ihr **Julia Hupels leckere Rezeptideen**.

Viel Spaß beim kreativen Kochen und beim Genießen wünschen euch

Julia & Julia

Inhalt

Die Jackfruit: Das Wichtigste in Kürze

Achte auf:

- Bioqualität
- Produkte ohne künstliche Zusätze (wie Zitronensäure, Ascorbinsäure oder Schwefel)

Jacky F. bezieht die Jackfruit direkt von Partnern und Kleinbauern aus Sri Lanka, sodass möglichst viel Wertschöpfung im Ursprungsland bleibt.

Qualität erkennst du

an den weißen, gelblichen bis zart rosafarbenen Fruchtstücken mit langen, festen Fasern.

Achtung! Ausgeblichene Stücke deuten auf viel Säure, eventuell auch auf Zusatzstoffe hin und braune Stücke sind bei der Verarbeitung oxidiert.

Details zur „Superfrucht" in der vegetarischen & veganen Küche

Julia Huthmann setzt mit ihrem Start-up-Unternehmen Jacky F. auf kontrollierten biologischen Anbau in Mischkulturen, ein faires Miteinander mit ihren Partnern in Sri Lanka, den Transport per Schiff und direkte, transparente Handelsbeziehungen.

Julia Huthmann mit ihrer Lieblingsfrucht

Wichtige Stichpunkte zur Jackfruit oder Jackfrucht, wie sie in Deutschland genannt wird, sind die folgenden: **grün, Trend Food, lecker, jung, Fleischersatz, exotisch**. Die im reifen Zustand riesigen Baumfrüchte benötigen tropisches Klima, um zu ihrer vollen Größe von bis zu 1 Meter bei einem Durchmesser von 50 Zentimetern heranzuwachsen und dabei ein Gewicht von 40 Kilogramm auf die Waage zu bringen.

Unterschieden wird bei der Verwendung in der Küche zwischen jungen, unreifen, nahezu geschmacklosen und den reifen, süßen Früchten. Vom Aroma her sind das zwei ganz und gar unterschiedliche Dinge: **Reif** schmecken die gelben Fruchtstücke nach einer Mischung aus Mango, Banane und Gummibärchen. **Die unreife Jackfruit** hingegen ist eher geschmacksneutral oder erinnert vom Aroma her ein wenig an eine milde Artischocke. Ihre faserige Konsistenz, die der von Hühnchen- oder Thunfischfleisch ähnelt, lässt junge Jackfruit – mit ein paar Gewürzen und anderen

Zutaten – zum natürlichen, gesunden Fleischersatz oder zur spannenden Erweiterung auf dem veganen und vegetarischen Teller werden. Daher dreht sich in diesem Kochbuch alles um sie: die junge Jackfruit. Du kaufst die Jackfruit-Stücke hierzulande z. B. in der Dose in Salzlake eingelegt.

Die junge Frucht ist etwa ananasgroß, hat eine grüne Schale mit spitzen Stacheln und im unverarbeiteten Zustand weißes Fruchtfleisch. Die Jackfruit hat auch sonst einiges zu bieten: Sie ist kalorienarm, reich an Mineral- und Ballaststoffen und enthält kaum Fett oder Zucker. So hilft diese Frucht, den täglichen Bedarf an den für unsere Verdauung so wichtigen Ballaststoffen zu decken.

Natürlich wächst die Jackfruit nicht direkt um die Ecke, aber der Transport ist nicht der einzig maßgebliche Faktor, wenn es um die Ökobilanz eines Lebensmittels geht. Schwerer ins Gewicht fallen hier stets die Art des Anbaus, die Nutzung von Ressourcen, die sozialen Umstände von Landwirtschaft, Verarbeitung und Handel und die (vielleicht mangelnde) Transparenz in der Lieferkette. Ein Blick hinter die Kulissen der Anbieter lohnt sich in jedem Fall.

Zusammengefasst ist die **Bio-Jackfruit** eine innovative Zutat für eine bewusste und nachhaltige Ernährung.

Nährwertangaben	je 100 Gramm Jackfruit
Energie	91 kj
	22 kcal
Fett	0,3 g
davon gesättigte Fettsäuren	0,3 g
Kohlenhydrate	< 0,3 g
davon Zucker	0 g
Ballaststoffe	6,6 g
Eiweiß	1,2 g
Salz	1,0 g

Die Nährwertangaben im Internet unterscheiden oft nicht zwischen junger und reifer Jackfruit. Lies also am besten die Angaben der Hersteller auf der Verpackung.

Hinweis:

Die Jackfruit ist nicht mit der Durian-Frucht zu verwechseln. Letztere wird auch „Stinkfrucht" genannt und sieht der Jackfrucht vielleicht ein bisschen ähnlich. Die Durian wird aber nur kokosnuss- bis menschenkopfgroß und auch in Geschmack und Konsistenz sowie Aroma unterscheiden sich die beiden Früchte deutlich!

Julia Hupels Küche

Julia Hupels Art zu kochen ist stark be-einflusst von ihrem Wohnort: Sie lebt in Andalusien (Spanien). In ihrem Lieblings-bioladen kauft sie regionales Obst und Gemüse der Saison. Und so lebt ihre vegane/vegetarische Küche davon, dass sie Gerichte mit den Zutaten kreiert, die sie gerade frisch bekommen kann.

Julia Hupels Passion ist die vegane Küch[e]

Selten weiß ich vorher schon, welches Rezept auf meinem Blog „Der Veg ist das Ziel" – und sogar in diesem Kochbuch – landen wird. Zwar habe ich häufig eine Idee, was ich kochen und vegan umsetzen möchte, dennoch kann ich es vorher nicht genau festgelegen.

Und so möchte ich meinen LeserInnen ans Herz legen: Kochen ist die beste Möglichkeit, sich im Alltag auf einfache Weise kreativ auszu-leben und gleichzeitig Achtsamkeit in sein Leben zu bringen. Wenn du also möchtest, dann nimm dieses Kochbuch als Grundlage, als Inspira-tion für deine Gerichte und verändere die Rezepte gern nach Lust und Laune ... Sieh dir jedes Mal dabei zu, wie du etwas Neues kreierst, sei achtsam bei der Auswahl deiner Zutaten, koste sie im ungekochten Zu-stand (falls sie roh genießbar sind) und lass dich ein auf die farbenfrohe und geschmacklich überreiche Welt der Kräuter und Gewürze. Jedes Schnibbeln, Hacken und Würzen kannst du als **Mini-Meditation im Alltag** nutzen, ebenso wie jeden Bissen und jeden einzelnen Schluck, den du von deinem selbst gekochten Gericht nimmst. Wenn im Hin-tergrund dann noch etwas spanische Popmusik, Flamenco oder Salsa läuft, kannst du dir vorstellen, wie es in meiner Küche zugeht.

Ich selbst koche sehr frei, d. h., eigentlich weiß ich nicht, welche Grö-ße meine Möhrenstifte und Paprikastücke haben sollen. Auch verwende ich Öl eher nach Gefühl. Damit es für dich jedoch einfacher wird, haben wir in **Juhu, Jackfruit!** genaue Angaben in den Rezepten gemacht.

Auch Salz und Pfeffer kommt bei mir immer „direkt aus dem Handgelenk", und da sich hier wirklich die Geister scheiden und für den einen ein halber Teelöffel Salz eine Speise total versalzt, dieselbe Menge für einen anderen wiederum „viel zu lasch" ist, habe ich, was Pfeffer und Salz anbelangt, keine genauen Angaben gemacht. Ich selbst verwende bei den Jackfruit-Würzmischungen in der vorderen inneren Umschlagklappe etwa einen dreiviertel Teelöffel Salz und einen halben Teelöffel grob gemahlenen schwarzen Pfeffer direkt aus der Pfeffermühle.

Zudem koche ich **stets glutenfrei und bio, vorwiegend vegan** und **hin und wieder** gibt es auch **etwas Vegetarisches** auf meinem Teller.

Ich empfehle gern Produkte von kleinen und auch größeren Unternehmen, die sich wirklich komplett dem Thema „Nachhaltigkeit" und dem ökologischem Anbau verpflichtet haben. Meist habe ich mich davon zuvor selbst überzeugt und kenne die Philosophie dieser Unternehmen aus eigenen Recherchen. Für mich ist es wichtig, Gutes zu unterstützen, deshalb möchte ich in **Juhu, Jackfruit!** auch einige Empfehlungen aussprechen (siehe „Wenn es mal schnell gehen soll!", Seite 16, und „Empfehlungen & Bezugsquellen", Seite 92 f.).

Meinen **Backofen** heize ich aus Gründen der Nachhaltigkeit nicht vor. Man verschwendet damit viel Energie und spart nur wenig Zeit. Natürlich gibt es bestimmte Teigwaren, die sehr empfindlich auf Temperaturen reagieren, und sicherlich braucht jeder Ofen unterschiedlich lang, bis er auf Betriebstemperatur ist. Bei meinen Rezepten ist es jedoch meist unnötig, den Ofen vorzuheizen, wenn man in der Nähe bleibt und immer mal wieder in den Ofen schaut. Trotzdem sind in den Rezepten dieses Kochbuches die Backzeiten ab Erreichen der Betriebstemperatur (also im vorgeheizten Backofen) angegeben, um es für die LeserInnen einfacher zu gestalten. Wenn du meinen nachhaltigen Gedanken teilst, heize deinen Ofen nicht vor, sondern achte darauf, wann dein Essen fertig ist. Mit der Zeit bekommst du sicher ein gutes Gefühl dafür, wie dein Ofen funktioniert und wie lange er im Schnitt für welches Gericht benötigt.

Zum Braten verwende ich in meiner Küche **beschichtete Pfannen** und zum Umrühren bzw. Vermengen **Holzlöffel**.

Wenn es mal schnell gehen soll!

Eines meiner Lieblingsunternehmen auf dem deutschen Markt ist **Byodo Naturkost**. Diese Firma hat ein umfangreiches Bio-Angebot mit vielen glutenfreien Produkten, das mich (Julia Hupel) sehr anspricht. *Byodo* wirtschaftet seit 1985 transparent, setzt auf partnerschaftlichen Anbau und das Unternehmen hat eine eigene Fotovoltaikanlage. Seine Saucen schätze ich sehr, weil sie sich hervorragend eignen, um die Jackfruit zu würzen:

Die **Barbecue Sauce** verwende ich persönlich bei allen Rezepten hier in diesem Buch, bei denen mit selbst gemachter BBQ-Sauce gearbeitet wird. Natürlich kannst du deine BBQ-Sauce auch selbst zubereiten (siehe Rezept hintere Umschlagklappe). Die Sauce von *Byodo* schmeckt allerdings auch wunderbar und passt hervorragend zur Jackfruit, sie hat sich in meiner Küche in vielen Gerichten bewährt. Zudem ist sie vegan, gluten- und hefefrei.

Die **Grill & Tex Mex Sauce** kannst du für alle Texmex-Gerichte verwenden (Rezepte Seite 52 ff.). Sie passt auch zu Kartoffel-Wedges (Rezept Seite 47). Die würzig-scharfe Sauce schmeckt nach Tomate und Paprika und ist vegan, gluten- und hefefrei.

Die **Curry-Mango Sauce** kannst du für das Mango-Curry (Rezept Seite 74) verwenden, falls dir normales Currygewürz zu langweilig ist. Die Sauce ist vegetarisch, gluten-, ei- und hefefrei. Und sehr lecker!

Die Produkte von *Byodo* erhältst du im gut sortierten Bioladen oder direkt im Online-Shop von *Byodo* (*http://shop.byodo.de*).

Tipp:

Würzmischungen und Saucen sind der Schlüssel für jedes aromatische Jackfruit-Gericht! Je länger du also das **Fruchtfleisch in der Würzmischung oder Sauce** ziehen lässt, desto besser. Die Gewürzte Jackfruit am besten schon am Vorabend vorbereiten und **über Nacht zugedeckt ziehen lassen**.

Gewürzte Jackfruit:
So einfach geht's!

In diesem Buch wollen wir zwei Julias euch nicht nur unsere Lieblingsgerichte mit der Jackfruit vorstellen, sondern auch alles mit auf den Weg geben, was ihr braucht, um eigenständig und kreativ mit dieser neuen Zutat zu kochen.

Dafür haben wir das Konzept mit den **Würzmischungen und Saucen** entwickelt. Mit den unterschiedlichen Varianten der **Gewürzten Jackfruit** lassen sich dann Gerichte aus aller Herren Länder zaubern. Die meisten Rezepte nutzen eine der Würzmischungen oder Saucen, die ihr **auf den Innenseiten der Umschlagklappen** findet.

Unter diesem Symbol ist in jedem Rezept die passende Würzung für die Jackfruit angegeben, ihr seht also im Rezept das entsprechende Jackfruit-Basisrezept, klappt dann die angegebene Umschlagklappe auf ... und findet dort alle Informationen, die ihr braucht, um die Jackfruit für das gewünschte Gericht schmackhaft vorzubereiten. Das dauert meist nicht länger als **10 Minuten**.

Für ein paar Gerichte braucht es allerdings eine andere Würzmischung. Hier bereitet ihr die Jackfruit wie in der vorderen Umschlagklappe angegeben mit den Zutaten vor, die im Rezept unter „Gewürzte Jackfruit" aufgelistet sind.

Tipp: —————————————————

Wenn du es nicht so gern sauer oder salzig hast, solltest du die Jackfruit vor dem Kochen immer gut abspülen oder sogar wässern. Bist du sehr säureempfindlich, kannst du die **Jackfruit-Stücke** auch **in ein Natronbad legen**: 1 bis 2 Teelöffel Natron in kaltem Wasser auflösen, die Fruchtstücke 1 bis 2 Stunden darin ziehen lassen, anschließend abspülen und wie angegeben weiterverarbeiten (siehe Tipp, Seite 28).

Basics:
Dips & Saucen

Zaziki

Als Zugabe zu Gyros und anderen griechischen Spezialitäten ist Zaziki superlecker. Er kann außerdem ganz einfach vegan zubereitet werden.

½ mittelgroße Salatgurke

etwas Salz (zum Entwässern der Gurkenstücke)

200 g Griechischer Joghurt (oder eine vegane Alternative)

1 Knoblauchzehe

2 EL Olivenöl

Salz und frisch gemahlener schwarzer Pfeffer nach Geschmack

1. Die Gurke waschen und (mit Schale) auf einem Gemüsehobel grob in eine kleine Schüssel raspeln. Mit Salz bestreuen und etwa 15 Minuten ziehen lassen. Danach das der Gurke entzogene Wasser abgießen.

2. Den Griechischen Joghurt in eine zweite, größere Schüssel geben und glatt rühren. Die geraspelte Gurke, den durch eine Knoblauchpresse gedrückten Knoblauch und das Olivenöl hinzugeben und alles gut miteinander vermischen. Das Zaziki mit Salz und Pfeffer abschmecken und mindestens 2 Stunden ziehen lassen.

ZEIT
CA. 10 MINUTEN
(PLUS MIND. 2 STUNDEN
ZUM ZIEHENLASSEN)

SERVIEREN
FÜR 1 SCHÄLCHEN

Joghurt-Dip

Dieser Dip eignet sich perfekt für griechische Gerichte, passt aber auch ganz wunderbar zu Kartoffel-Wedges (Rezept Seite 47) oder Texmex-Gerichten (Rezepte Seite 52 ff.).

200 g Griechischer Joghurt

2 EL Olivenöl

2 EL fein geschnittener Schnittlauch

Salz und frisch gemahlener schwarzer Pfeffer nach Geschmack

Alle Zutaten gut verrühren und den Dip mit Salz und Pfeffer abschmecken.

ZEIT
CA. 10 MINUTEN

SERVIEREN
FÜR 1 SCHÄLCHEN

Cashew-Knoblauch-Sauce

Diese Cashew-Sauce ist aus einer pflanzenbasierten Küche gar nicht wegzudenken. Bei mir zu Hause reiche ich sie zu fast allem, weshalb sie auch hier nicht fehlen darf.

100 g Cashewkerne

Wasser

1 Knoblauchzehe

2 EL Hefeflocken

Salz und frisch gemahlener schwarzer Pfeffer nach Geschmack

1. Die Cashewkerne mit so viel Wasser in den Hochleistungsmixer geben, dass die Kerne gerade bedeckt sind.

2. Die Knoblauchzehe schälen, in Scheiben schneiden und mit den Hefeflocken ebenfalls in den Mixer geben. Alle Zutaten zu einer cremigen Masse pürieren. Die Sauce mit Salz und Pfeffer abschmecken.

 ZEIT CA. 10 MINUTEN

 SERVIEREN FÜR 1 SCHÄLCHEN

Tipp:

Diese Sauce ist leicht dickflüssig. Wenn du sie lieber etwas flüssiger magst, fügst du einfach noch etwas Wasser hinzu.

Avocadocreme

Der perfekte Partner für selbst gemachte Tacos (Rezept Seite 52), Kartoffel-Wedges (Rezept Seite 47) und vieles mehr. Supercremig und so gesund!

1–2 Avocados

1 EL Olivenöl

1 bis 2 Spritzer Zitronensaft

1 Knoblauchzehe (wenn gewünscht)

Salz und frisch gemahlener schwarzer Pfeffer nach Geschmack

½ TL Sesam zum Dekorieren

1. Die Avocados aufschneiden, den Kern herausnehmen und das Fruchtfleisch mit einem Löffel aus der Schale heben.

2. Avocadofleisch und Olivenöl im Hochleistungsmixer etwa 60 Sekunden cremig pürieren oder in einer Schüssel mit einer Gabel fein zerdrücken und alles gut vermengen.

3. Den Zitronensaft dazugeben, den Knoblauch durch eine Knoblauchpresse drücken oder sehr fein schneiden. Alles gut vermengen. Das Ganze nach Geschmack mit Salz und Pfeffer würzen.

4. Mit Sesam bestreut servieren.

ZEIT
CA. 10 MINUTEN

SERVIEREN
FÜR 1 SCHÄLCHEN

Hummus

*Ich persönlich gehöre zur Spezies „Hummus sapiens",
weshalb ein entsprechendes Grundrezept auch in
diesem Kochbuch nicht fehlen darf. Die Kombination
von Hummus und Jackfruit in verschiedensten
Variationen ist fantastisch.*

250 g Kichererbsen
aus dem Glas/der Dose
(Abtropfgewichtt) plus
½ des Kichererbsenwassers

4 EL Olivenöl

½ TL Kurkumapulver

½ TL gemahlener Kreuzkümmel

½ TL Paprikapulver

1 Knoblauchzehe

1 TL Tahini

Salz und frisch ge-
mahlener schwarzer Pfeffer
nach Geschmack

½ EL Olivenöl zum Beträufeln
und ¼ TL schwarzer Sesam
zum Bestreuen

1. Die Kichererbsen mit der
Hälfte des Kichererbsen-
wassers, den Gewürzen,
dem grob gehackten Knob-
lauch und dem Tahini in
den Hochleistungsmixer
geben. Alles cremig pürieren.
Nach Geschmack mit Salz
und Pfeffer würzen.

2. In ein Schälchen geben,
mit Olivenöl beträufeln
und schwarzen Sesam
darüberstreuen.

Tipp:

Perfekt passt der
Hummus zu Jack-
fruit-Falafel (Rezept
Seite 86).

ZEIT
CA. 10 MINUTEN

SERVIEREN
FÜR 1 SCHÄLCHEN

Klassiker

Gulasch war als Kind eine meiner Lieblingsspeisen. Meine Mutti hat es mir immer in
einem „Brunnen" aus Reis oder Kartoffelbrei
serviert. Heute bin ich sehr glücklich, dass
ich dieses Rezept ganz unkompliziert
veganisieren kann – mit der Jackfruit.

Jackfruit-Gulasch

150 g (Basmati-)Reis

1 Portion
Klassisch gewürzte Jackfruit

1 kleine Zwiebel

3 EL Bratöl

1 rote Paprikaschote

300 ml Mandelsahne

1 gestr. TL geräuchertes
Paprikapulver

100 ml Wasser

Rauchsalz und frisch ge-
mahlener schwarzer Pfeffer
nach Geschmack

etwas frische, glatte
Petersilie zum Garnieren

ZEIT
CA. 35 MINUTEN

SERVIEREN
FÜR 2–3 PORTIONEN

JACKFRUIT
KLASSISCH WÜRZEN
(REZEPT VORDERE
UMSCHLAGKLAPPE)

1. Den Reis nach Packungsangabe kochen.

2. Die **Jackfruit-Stücke** nach Angabe in der vorderen Umschlagklappe vorbereiten, dabei bitte nur **halbieren** (nicht klein zupfen!).

3. Die Zwiebel schälen, fein würfeln und in einer Pfanne auf mittlerer Flamme in Bratöl etwa 3 Minuten glasig andünsten.

4. Den Paprika waschen, Stiel, Kerne und weiße Innenhäute entfernen und das Fruchtfleisch in größere Stücke schneiden. Diese zu den Zwiebeln in die Pfanne geben und 8 Minuten mit anbraten. Gelegentlich umrühren und Temperatur reduzieren, wenn nötig.

5. Die Klassisch gewürzte Jackfruit zum Gemüse in die Pfanne geben und 8 Minuten unter Rühren mitbraten. Bei Bedarf noch etwas Bratöl hinzufügen. Die Mandelsahne hinzugießen und das Paprikapulver einrühren. Sobald das Gulasch eindickt, das Wasser dazugießen und alles gut verrühren. Das Gulasch mit Rauchsalz und Pfeffer abschmecken.

6. **Zum Servieren** den gegarten Reis und das Gulasch auf die Teller geben. Mit Petersilie garnieren.

Tipp:

Bei diesem Rezept empfiehlt es sich, die **Jackfruit** vor dem Würzen 2 Stunden **in Natronwasser einzuweichen**, so wird sie besonders zart. Dafür gibst du die abgespülten Jackfruit-Stücke in eine Schüssel, bedeckst sie mit kaltem Wasser und fügst 1 bis 2 Teelöffel Natron hinzu. Gut vermischen und ruhen lassen. Nach dem Einweichen nochmals gut abspülen, dann erst würzen.

Jacky-Schnitzel mit Champignon-Rahmsauce, dazu Kartoffelspalten

Dass sich Schnitzel einmal so einfach und dem Original zum Verwechseln ähnlich veganisieren lassen würden, hätte ich mir niemals träumen lassen. Ein echter Knaller für alle, die – wie ich – Schnitzel lieben!

1 Portion Kartoffelspalten (Rezept „Kartoffel-Wedges" Seite 47)

Jacky-Schnitzel

Gewürzte Jackfruit

1 Dose Jackfruit von *Jacky F.* (Abtropfgewicht: 225 g)

1 gestr. TL Paprikapulver

2 EL Hefeflocken

Salz und frisch gemahlener schwarzer Pfeffer nach Geschmack

90 ml Wasser

1 ½ EL gemahlene Chiasamen

5 EL glutenfreies Mehl

ca. 6 EL Paniermehl (oder mehr)

4 EL Bratöl

Champignon-Rahmsauce

250 g Champignons

3 EL Bratöl

300 ml Mandelsahne

2 Prisen Paprikapulver

Salz und frisch gemahlener schwarzer Pfeffer

etwas Petersilie zum Dekorieren

3 Spalten Zitrone (für die Schnitzel)

1. **Für die Jacky-Schnitzel** die Jackfruit-Stücke nach Angabe in der vorderen Umschlagklappe mit Paprikapulver, Hefeflocken, Salz und Pfeffer vorbereiten.

2. Das Wasser mit den gemahlenen Chiasamen vermischen und in einem Schüsselchen gut 15 Minuten eindicken lassen. (Das funktioniert auch mit ungemahlenen Chiasamen.) Die eingedickten Chiasamen zur gewürzten Jackfruit geben, vermengen. Anschließend das Mehl hinzufügen und die Schnitzelmasse noch einmal gut durchmischen, sodass sich keine Klümpchen bilden.

3. Das Paniermehl in einen tiefen Teller geben. Aus der Schnitzelmasse 3 gleich große Schnitzel formen. Diese von beiden Seiten im Paniermehl wälzen. Die Jacky-Schnitzel in der Pfanne in Bratöl auf mittlerer Flamme von beiden Seiten goldgelb anbraten. Bei Bedarf noch etwas Bratöl hinzufügen.

4. **Für die Champignon-Rahmsauce** die Champignons putzen und jeden Pilz sechsteln. Die Pilze in einer Pfanne in Öl etwa 8 Minuten sanft anbraten. Gelegentlich umrühren. Die Mandelsahne und das Paprikapulver hinzugeben. Alles gut verrühren. Die Sauce mit Salz und Pfeffer abschmecken und auf kleiner Flamme etwa 5 Minuten köcheln lassen. Eventuell noch etwas Mandelsahne hinzugießen.

5. **Zum Servieren** die Schnitzel und die Sauce auf einem Teller anrichten. Die Kartoffelspalten dazugeben und nach Belieben mit Zitrone und Petersilie dekorieren.

ZEIT
CA. 40 MINUTEN

SERVIEREN
FÜR 3 PORTIONEN

JACKFRUIT
WÜRZEN WIE
HIER ANGEGEBEN

„Lachs"-Filet zu veganisieren ist nicht einfach, doch mit der Jackfruit wird auch das möglich. Die rote Farbe erhält das Filet übrigens durch die selbst gemachte BBQ-Sauce.

„Lachs"-Filet an Brokkoli-Reis

„Lachs"-Filet

1 Dose Jackfruit
von *Jacky F.*
(Abtropfgewicht: 225 g)

6 EL BBQ-Sauce

3 EL (glutenfreies) Mehl

3 Prisen Spirulinaflocken
(oder -pulver)

Salz und schwarzer
Pfeffer nach Geschmack

3 EL Bratöl

Brokkoli-Reis

150 g Reis

100 g Tiefkühl-Brokkoli

2 EL Bratöl

Salz und frisch ge-
mahlener schwarzer
Pfeffer nach Geschmack

1 Portion Cashew-
Knoblauch-Sauce
(Rezept Seite 21)

1. **Für das „Lachs"-Filet** die Jackfruit nach Angabe in der hinteren Umschlagklappe mit 6 Esslöffeln BBQ-Sauce vorbereiten.

2. **Für den Brokkoli-Reis** den Reis nach Packungsangabe kochen.

3. Den Brokkoli auf mittlerer Flamme in Öl etwa 10 Minuten unter gelegentlichem Rühren anbraten. Mit Salz und Pfeffer würzen. Den fertigen Reis zum Brokkoli geben und beides auf kleiner Flamme etwa 6 Minuten weiterbraten. Gelegentlich umrühren. Nach Wunsch nochmals salzen und pfeffern.

4. Die BBQ-Jackfruit und das Mehl gut vermengen. 5 Minuten ruhen lassen, dann die Spirulinaflocken zwischen den Fingern zerreiben und unterkneten. Die „Lachs"-Masse nach Geschmack mit Salz und Pfeffer würzen. 2 Filets daraus formen und diese in einer Pfanne in Öl auf mittlerer Flamme etwa 10 Minuten (von beiden Seiten) anbraten. Bei Bedarf noch Bratöl hinzufügen.

5. Den Jackfruit-„Lachs" mit dem Brokkoli-Reis anrichten und das Ganze mit Cashew-Knoblauch-Sauce beträufelt servieren.

ZEIT
CA. 60 MINUTEN

SERVIEREN
FÜR 2 PORTIONEN

JACKFRUIT
MIT BBQ-SAUCE WÜRZEN
(REZEPT HINTERE
UMSCHLAGKLAPPE)

Fruchtfleischfilet mit Kartoffel-Wedges und Kichererbsen-Tomaten-Salat

*Dieses Filet erinnert an eine klassische Hähnchenbrust.
Das um die marinierte Jackfruit gehüllte Reispapier
wird zu einer knusprigen Haut – täuschend echt!*

1 Portion Kartoffel-Wedges
(Rezept Seite 47)

Fruchtfleischfilet

4 Blätter rundes Reispapier

1 Portion
Klassisch gewürzte Jackfruit

6 EL Bratöl

½–1 gestr. TL Hähnchengewürz

Salz und frisch ge-
mahlener schwarzer Pfeffer
nach Geschmack

Kichererbsen-Tomaten-Salat

1 mittelgroße Tomate

3 Blätter Kopfsalat

3 EL Kichererbsen
aus dem Glas/der Dose

2 EL Olivenöl

3 Spritzer Balsamico oder
Zitronensaft (nach Wunsch)

Salz und frisch ge-
mahlener schwarzer Pfeffer

3 EL Cashew-Knoblauch-Sauce
(Rezept Seite 21) oder
eine andere Sauce (Rezepte
Seite 18 ff.) zum Beträufeln

1. **Für das Fruchtfleischfilet** das Reispapier nach Packungsangabe auf einem Teller in Wasser einweichen.

2. Die Klassisch gewürzte Jackfruit unter Rühren etwa 10 Minuten in einer Pfanne auf mittlerer Flamme in 3 Esslöffeln Öl anbraten.

3. Die Reispapierblätter aus dem Wasser nehmen, auf einen zweiten Teller legen, trocken tupfen, und in die Mitte je ein Drittel der gebratenen Jackfruit geben. Die Masse zu einem Filet formen, fest-drücken und das Reispapier von allen Seiten eng um sie herumschlagen, sodass diese dicht umschlossen ist.

4. 3 Esslöffel Öl mit dem Hähnchengewürz verrühren, mit Salz und Pfeffer abschmecken. Die eingepackten Filets nun vorsichtig im Würzöl wenden, sodass sie von allen Seiten damit gut benetzt sind, und in einer Pfanne etwa 10 Minuten von beiden Seiten scharf anbraten, bis sie knusprig sind.

5. **Für den Kichererbsen-Tomaten-Salat** die Tomate (ohne den grünen Stielansatz) in etwa 1 Zentimeter große Stücke schneiden, die Salatblätter klein zupfen. Beides mit den Kichererbsen in einer kleinen Schüssel mischen. Olivenöl, Balsamico oder Zitronensaft sowie Salz und Pfeffer nach Geschmack darübergeben und alles gut vermengen.

6. **Zum Servieren** das Fruchtfleischfilet mit den Kartoffel-Wedges und dem Salat dekorativ auf Tellern anrichten. Den Salat mit je 1 Esslöffel Cashew-Knoblauch-Sauce beträufeln.

ZEIT
CA. 50 MINUTEN

SERVIEREN
FÜR 3 PORTIONEN

JACKFRUIT
KLASSISCH WÜRZEN
(REZEPT VORDERE
UMSCHLAGKLAPPE)

Barbecue,
Fast Food
& Texmex

Überbackener Feta mit Jackfruit-Topping

Topping

½ Portion
Griechisch gewürzte Jackfruit

Überbackener Feta

200 g Feta (oder eine
vegane Alternative)

½ kleine Zwiebel

½ rote Paprikaschote

4–5 EL Olivenöl
(nach Geschmack mehr)

frisch gemahlener
schwarzer Pfeffer nach
Geschmack

2 Knoblauchzehen

3 Prisen
getrockneter Rosmarin

1 Zweiglein Rosmarin
zum Garnieren

1. Den Käse aus der Packung nehmen und in eine Auflaufform legen.

2. Die Zwiebel schälen und in dünne Scheiben scheiden. Den Paprika waschen, Stiel, Kerne und weiße Innenhäute entfernen und das Fruchtfleisch in dünne Streifen schneiden.

3. Paprikastreifen und Zwiebelscheiben um den Feta herum geben. Das Ganze mit Olivenöl beträufeln und nach Geschmack mit Pfeffer würzen.

4. Die Griechisch gewürzte Jackfruit auf dem Feta-Käse verteilen. Die Knoblauchzehen in der Schale mit einem Messer flach drücken und je eine an beide Seiten der Auflaufform legen. Das Ganze mit dem getrockneten Rosmarin bestreuen und etwa 35 Minuten bei 190 °C im vorgeheizten Backofen (Ober- und Unterhitze) garen.

5. **Zum Servieren** mit dem Rosmarin-Zweiglein dekorieren.

ZEIT
CA. 35 MINUTEN

SERVIEREN
FÜR 2 PORTIONEN

JACKFRUIT
GRIECHISCH WÜRZEN
(REZEPT VORDERE
UMSCHLAGKLAPPE)

Tipp:

Am besten bringst du diesen leckeren mediterranen Feta-Jacky-Mix mit frischem Ciabatta-Brot auf den Tisch.

Ob mit „richtigem" Feta oder mit einer veganen Tofu-Alternative umgesetzt, dieses Rezept ist der perfekte Begleiter für deine Grillparty.

Tipps:

Dieses Rezept lässt sich besonders lecker mit der *Barbecue Sauce* von *Byodo* zubereiten. Ich nehme sie immer, wenn es einmal schneller gehen soll.

Du kannst die Schaschlikspieße auch auf den Grill legen oder in einer Pfanne in Olivenöl anbraten.

Schaschlikspieße

Spieße sind etwas ganz Feines. Ob im Sommer auf dem Grill zubereitet oder in den kälteren Jahreszeiten im Backofen, ob als Hauptmahlzeit oder als Beilage: Sie sind nicht nur etwas für den Gaumen, sondern auch fürs Auge.

½ Dose Jackfruit von *Jacky F.* (Abtropfgewicht: ca. 110 g)

2–3 EL BBQ-Sauce

1 kleine Zucchini

1 Tomate

½ Zwiebel

1 kleine grüne Paprikaschote

Salz und frisch gemahlener schwarzer Pfeffer nach Geschmack

2 TL getrockneter Rosmarin

6 EL Olivenöl zum Beträufeln

3 Holzspieße

1. Die Jackfruit-Stücke nach Angabe in der hinteren Umschlagklappe vorbereiten. Die **Jackfruit-Stücke** allerdings **nicht zerkleinern**! Mit 2 bis 3 Esslöffeln BBQ-Sauce zubereiten und nach Möglichkeit 12 bis 24 Stunden (am besten über Nacht) im Kühlschrank ziehen lassen.

2. Das Gemüse waschen. Die Zucchini der Länge nach halbieren und die beiden Hälften in etwa 1 ½ Zentimeter dicke Scheiben schneiden. Die Tomaten (ohne grünen Stielansatz) in Spalten schneiden. Die Zwiebel schälen und ebenfalls in Spalten schneiden. Vom Paprika den Stielansatz, die Kerne und die weißen Innenhäute entfernen und das Fruchtfleisch in etwa 2 mal 3 Zentimeter große Stücke schneiden.

3. Das Gemüse und die BBQ-Jackfruit nach Belieben auf die Spieße stecken, nach Geschmack mit Salz und Pfeffer würzen und den Rosmarin darüberstreuen. Die Spieße mit Olivenöl beträufeln und etwa 30 Minuten im vorgeheizten Backofen bei 200 °C (Ober- und Unterhitze) garen. Dabei immer mal wieder wenden.

ZEIT
CA. 40 MINUTEN
(PLUS 12–24 STUNDEN ZUM
ZIEHENLASSEN DER JACKFRUIT)

SERVIEREN
FÜR 3 SPIESSE

JACKFRUIT
GRIECHISCH WÜRZEN
(REZEPT VORDERE
UMSCHLAGKLAPPE)

Der vielfältigste Salat der Welt

Dieser Salat ist tatsächlich der vielfältigste Salat der Welt, weil du eigentlich alles hineingeben kannst, was dir schmeckt. Ich stelle dir hier meine Lieblingsvariante vor.

2 mittelgroße Kartoffeln
(vorwiegend festkochend)

2 Rote Beten

6 EL Bratöl

1–2 TL getrockneter Rosmarin

Salz und frisch gemahlener
schwarzer Pfeffer

1 Portion
Klassisch gewürzte Jackfruit

1 Kopfsalat *oder* 250 g Feldsalat

1 mittelgroße Tomate

Olivenöl, Balsamico-Creme,
Salz und frisch ge-
mahlener schwarzer Pfeffer
nach Geschmack

1 TL Sesam zum Bestreuen

1. Die Kartoffeln waschen und in etwa 1 Zentimeter große Würfel schneiden. Die Roten Beten schälen und in etwa 1 Zentimeter große Würfel schneiden. Beides auf ein Backblech geben, 3 Esslöffel Bratöl darüberträufeln, mit Rosmarin, Salz und Pfeffer bestreuen. Im vorgeheizten Backofen 20 bis 25 Minuten bei 200 ° C (Ober- und Unterhitze) backen.

2. Die Klassische Jackfruit unter Rühren 10 bis 12 Minuten in einer Pfanne auf mittlerer Flamme in 3 Esslöffeln Öl anbraten.

3. In der Zwischenzeit den Salat waschen. Tomaten (ohne grünen Stielansatz) und Salat nach eigenem Gusto zerkleinern und auf 4 Schüsselchen verteilen. Die gegarte Rote Bete und die Kartoffeln auf den Salat geben und die gebratene Jackfruit darauf platzieren.

4. Olivenöl und Balsamico-Creme über den Salat träufeln, nach Geschmack salzen und pfeffern. Mit Sesam bestreut servieren.

ZEIT
CA. 45 MINUTEN

SERVIEREN
FÜR 4 PORTIONEN

JACKFRUIT
KLASSISCH WÜRZEN
(REZEPT VORDERE
UMSCHLAGKLAPPE)

Frucht-„Fleischsalat"

Der Frucht-„Fleischsalat" ist der optimale Ersatz für Fleischsalat –
bei einer Grillparty oder beim Brunch. Er passt perfekt zu
Kartoffel-Wedges (Rezept Seite 47), Toast und Gemüse.

3 große Stücke getrocknete Tomate

1 Portion Klassisch gewürzte Jackfruit

1 Handvoll Sprossen (z. B. Brokkoli oder
Alfalfa oder eine Mischung nach Belieben)

1 Portion Cashew-Knoblauch-Sauce
(Rezept Seite 21)

ein paar Sprossen zum Garnieren oder
etwas frisch gehackte Petersilie
(wenn gewünscht)

1. Die getrockneten Tomaten in kleine Stücke schneiden. Mit der Klassisch gewürzten Jackfruit und den Sprossen in einer Schüssel vermengen.

2. Die Cashew-Knoblauch-Sauce dazugeben, noch einmal gut vermischen und mit ein paar Sprossen oder gehackter Petersilie garniert anrichten. Fertig ist der Frucht-„Fleischsalat"!

ZEIT
CA. 30 MINUTEN

SERVIEREN
FÜR 2–4 PORTIONEN

JACKFRUIT
KLASSISCH WÜRZEN
(REZEPT VORDERE
UMSCHLAGKLAPPE)

„Thunfisch"- Salat

*Dieser „Thunfisch"-Salat wird der Hit auf jeder Gartenparty!
Er passt wunderbar auf Toast, als Füllung in Tomaten
oder in gebackene bzw. gegrillte Kartoffeln.*

1 Dose Jackfruit von *Jacky F.*
(Abtropfgewicht: ca. 225 Gramm)

Dressing

120 g Cashewkerne

85 ml Wasser

2 TL weißes Tahini

2 TL Zitronensaft

1 TL Apfelessig

½ Knoblauchzehe

Salz und frisch ge-
mahlener schwarzer Pfeffer
nach Geschmack

½ kleine rote Zwiebel

1 Avocado

1 gestr. TL Spirulinaflocken
(oder -pulver)

1. Die Jackfruit-Stücke nach
   Angabe in der vorderen
   Umschlagklappe vor-
   bereiten (Schritt 1 und 2).

2. Die Zutaten **für das Dressing** im Hochleistungsmixer cremig pürieren.

3. Die Zwiebel fein würfeln.
   Die Avocado halbieren,
   den Kern herausnehmen,
   die Avocadohälften schälen
   und das Fruchtfleisch in
   etwa 1 Zentimeter große
   Würfel schneiden.

4. Zwiebelwürfel und Jackfruit mit dem Dressing
   vermischen. Die Avocado
   vorsichtig unterheben. Die
   Spirulinaflocken zwischen
   den Fingern über dem Salat
   zerreiben (oder Pulver verwenden).

ZEIT
CA. 35 MINUTEN

SERVIEREN
FÜR 2–4 PORTIONEN

JACKFRUIT
UNGEWÜRZT

Jackfruit-Toast

*Jackfruit passt auch hervorragend auf Brot – zum Früh-
stück oder zum Abendessen. Besonders gut eignen sich
dafür die Reste vom Vortag, die man unglaublich vielfältig
verwerten kann. Mit diesem Rezept möchte ich eine
vegane und eine vegetarische Variante anbieten.*

Gewürzte Jackfruit

Eingelegte/Gebratene Jackfruit vom Vortag *oder* 6 frische Stücke Jackfruit aus der Dose von *Jacky F.*

2 EL Olivenöl

3 Prisen geräuchertes Paprikapulver

Rauchsalz und frisch gemahlener schwarzer Pfeffer nach Geschmack

1 Knoblauchzehe

1 EL Bratöl

1 Tomate

4 Scheiben Toast

etwas Olivenöl zum Beträufeln

2 Eier (zusätzlich für die vegetarische Variante)

1 Handvoll Rucola

etwas Rucola zum Garnieren und Balsamico-Creme zum Beträufeln

1. Wenn keine bereits vorbereitete Jackfruit vom Vortag vorhanden ist: Die Jackfruit-Stücke nach Angabe in der vorderen Umschlagklappe mit Olivenöl, Paprikapulver, Rauchsalz und Pfeffer vorbereiten.

2. Den Knoblauch durch eine Knoblauchpresse drücken und in einer Pfanne in Bratöl etwa 2 Minuten auf mittlerer Flamme anbraten. Die gewürzte Jackfruit dazugeben. Unter Rühren etwa 5 Minuten auf hoher Flamme anbraten. (War die Jackfruit vom Vortag bereits angebraten, diese nur kurz erhitzen.)

3. Die Tomate waschen und (ohne grünen Stielansatz) in kleine Würfel schneiden und hinzufügen. 3 Minuten mitbraten.

4. Das Brot toasten und nach Belieben mit etwas Olivenöl beträufeln. Dann: **Für die vegane Variante** die Jackfruit aus der Pfanne auf zwei Toasts geben und diese mit dem Rucola sowie der Balsamico-Creme dekoriert servieren. **Für die vegetarische Variante** den gewaschenen Rucola (ein paar Blättchen zum Dekorieren zurückbehalten) in die Pfanne geben, kurz vermischen und die Eier ebenfalls hinzufügen. 3 Minuten unter ständigem Rühren mitbraten.

5. Die Jacky-Ei-Masse auf zwei Toasts verteilen und die Toasts nach Belieben mit Rucola und Balsamico-Creme dekoriert servieren.

ZEIT
CA. 25 MINUTEN

SERVIEREN
FÜR 4 PORTIONEN

JACKFRUIT
WÜRZEN WIE HIER
ANGEGEBEN

Tipp:

Die *Crema con „Aceto Balsamico di Modena IGP"* von *Byodo* ist eine besonders köstliche Creme, um dieses Rezept zu verfeinern.

Tipps:

Wenn du Süßkartoffeln liebst, lasse 1 bis 2 Kartoffeln weg und nimm dafür 1 mittelgroße Süßkartoffel. Diese schneidest du in etwa 2 Zentimeter große Würfel, würzt sie zusammen mit der Kartoffel und gibst alles in den den Backofen.

Die *Barbecue Sauce* von *Byodo* eignet sich auch hier besonders gut, um das Gericht schnell und einfach nachzukochen.

Jacky-Nuggets mit Kartoffel-Wedges, dazu Joghurt-Dip

Eines der einfachsten Rezepte, wenn es schnell gehen soll und gleichzeitig lecker und sättigend sein darf!

Jacky-Nuggets

1 Dose Jackfruit
von *Jacky F.* (Abtropf-
gewicht: 225 g)

4 EL BBQ-Sauce

3 EL Bratöl

Kartoffel-Wedges

3–4 große Kartoffeln

Salz und frisch gemah-
lener schwarzer Pfeffer
nach Geschmack

2 EL getrockneter
Rosmarin

6 EL Olivenöl

1 Portion Joghurt-Dip
(Rezept Seite 20)

1. **Für die Jacky-Nuggets** die Jackfruit-
Stücke nach Angabe in der hinteren Umschlagklappe vorbereiten, dabei bitte nur
halbieren (nicht klein zupfen!) und mit
4 Esslöffeln BBQ-Sauce zubereiten.

2. **Für die Kartoffel-Wedges** die Kartoffeln
waschen, (mit Schale) in Spalten schneiden und auf einem Backblech verteilen.
Olivenöl, Rosmarin, Salz und Pfeffer gut
miteinander verrühren, über die Kartoffelspalten träufeln und gut darauf
verteilen. Die Kartoffeln im vorgeheizten
Backofen etwa 35 Minuten bei 180 °C
(Ober- und Unterhitze) backen, bis sie
innen weich und außen knusprig sind.

3. **Für die Jacky-Nuggets** die BBQ-Jack-
fruit-Stücke in einer Pfanne in Bratöl auf
hoher Flamme 5 Minuten unter Rühren
scharf anbraten.

4. **Zum Servieren** Nuggets, Wedges und
Joghurt-Dip in getrennten Schüsseln auf
den Tisch bringen. Jeder bedient sich selbst.

 **ZEIT**
CA. 40 MINUTEN

 **SERVIEREN**
FÜR 2 PORTIONEN

JACKFRUIT
MIT BBQ-SAUCE WÜRZEN
(REZEPT HINTERE
UMSCHLAGKLAPPE)

Dieser Burger kommt dem amerikanischen Original sehr nahe. Mit den frischen Tomaten, der Avocado sowie den gebratenen Zwiebeln ein echter Genuss!

Pulled Pork Burger

Pulled Pork

Gewürzte Jackfruit

1 Dose Jackfruit von *Jacky F.* (Abtropfgewicht: 225 g)

2 ½ EL Tamari

1 ½ TL Tomatenmark

½ TL geräuchertes Paprikapulver

Salz und frisch gemahlener schwarzer Pfeffer nach Geschmack

5 EL Bratöl

Belag

1 mittelgroße Zwiebel

1 mittelgroße Tomate

1 Avocado

3 (glutenfreie) Burgerbrötchen

schwarzer Sesam zum Bestreuen (Menge nach Belieben)

6 EL Cashew-Knoblauch-Sauce (Rezept Seite 21)

1. **Für das Pulled Pork** die Jackfruit-Stücke nach Angabe in der vorderen Umschlagklappe mit Tamari, Tomatenmark, Paprikapulver, Salz und Pfeffer vorbereiten.

2. Die gewürzten Jackfruit-Stücke auf mittlerer Flamme in einer Pfanne unter Rühren etwa 10 Minuten in 3 Esslöffeln Öl anbraten. Bei Bedarf noch etwas Bratöl hinzufügen.

3. **Zum Belegen** die Zwiebel schälen, in dünne Ringe schneiden und auf mittlerer Flamme in einer Pfanne in 2 Esslöffeln Öl glasig andünsten. Die gewaschene Tomate (ohne grünen Stielansatz) in Scheiben schneiden. Die Avocado halbieren, den Kern herausnehmen, die Avocadohälften schälen und das Fruchtfleisch ebenfalls in Scheiben schneiden.

4. **Zum Fertigstellen** die Burgerbrötchen nach Packungsangabe im Backofen (oder Toaster) erwärmen. Aufschneiden und mit Avocadoscheiben, angebratenen Zwiebelringen, Pulled Pork und Tomatenscheiben belegen. Das Ganze mit der Cashew-Knoblauch-Sauce beträufeln, mit Sesam bestreuen, zuklappen und genießen.

ZEIT
CA. 40 MINUTEN

SERVIEREN
FÜR 3 BURGER

JACKFRUIT
WÜRZEN WIE HIER
ANGEGEBEN

Cheeseburger

Pattys

1 Dose Jackfruit von *Jacky F.*
(Abtropfgewicht: 225 g)

5 EL BBQ-Sauce

3 EL Hefeflocken

2 geh. EL (glutenfreies) Mehl

3 EL Bratöl

3 Burgerbrötchen

Belag

2 mittelgroße Tomaten

3 Scheiben
veganer Cheddarkäse

1 Handvoll Rucola
(oder ein anderer Salat
nach Belieben)

etwas Olivenöl
zum Beträufeln

1. **Für die Pattys** die Jackfruit-Stücke nach Angabe in der hinteren Umschlagklappe mit 5 Esslöffeln BBQ-Sauce vorbereiten.

2. Hefeflocken und Mehl zu Jackfruit-Masse geben und alles noch einmal gut vermengen. Aus der Masse 3 Pattys formen und diese in einer Pfanne auf mittlerer Flamme in Bratöl von beiden Seiten goldbraun anbraten. Bei Bedarf noch etwas Öl hinzufügen.

3. Die Burgerbrötchen in der Mitte durchschneiden, den Anschnitt jeder der Hälften mit etwas Olivenöl beträufeln und die Brötchen mit dem Anschnitt nach oben im vorgeheizten Backofen 2 bis 5 Minuten bei etwa 180 °C (Ober- und Unterhitze) backen.

4. Die Tomaten waschen und (ohne grünen Stielansatz) in dünne Scheiben schneiden. Die Brötchen aus dem Ofen nehmen, die Pattys jeweils auf die untere Hälfte des Brötchens legen, die Tomatenscheiben darauf verteilen und jeweils 1 Scheibe veganen Cheddarkäse darauflegen. Die 3 belegten Burger-Hälften nochmals kurz in den noch heißen Backofen geben, bis der Käse geschmolzen ist.

5. **Zum Servieren** den gewaschenen Rucola auf den Käse legen und die obere Seite des Brötchens daraufsetzen. Guten Appetit!

ZEIT
CA. 45 MINUTEN

SERVIEREN
FÜR 3 BURGER

JACKFRUIT
MIT BBQ-SAUCE WÜRZEN
(REZEPT HINTERE
UMSCHLAGKLAPPE)

Der Cheeseburger ist für viele Menschen das Fast Food schlechthin und wahrscheinlich für einige der Grund, warum eine vegane Ernährung nicht infrage kommt. Gut, dass es die Jackfruit gibt, mit der das Burger-Erlebnis ganz leicht und ebenso lecker vegan gestaltet werden kann.

Diese Tacos erinnern an Sombreros und Sonne und haben ein wunderbares lateinamerikanisches Flair. Zaubere dieses Lebensgefühl ganz einfach auf deinen Teller!

Tacos

3 Tortilla-Wraps

Füllung

1 Portion
Klassisch gewürzte *oder*
Texmex-Jackfruit

3 EL Bratöl

2 mittelgroße Tomaten

3 Blätter Kopfsalat

1 Portion Avocadocreme
(Rezept Seite 22)

3 Zahnstocher
(nach Bedarf)

3 EL Cashew-Knoblauch-
Sauce (Rezept Seite 21)
zum Beträufeln und
2 Prisen schwarzer
Sesam zum Bestreuen

ZEIT
CA. 30 MINUTEN

SERVIEREN
FÜR 3 TACOS

JACKFRUIT
KLASSISCH *ODER*
MIT TEXMEX-SAUCE
WÜRZEN (REZEPTE
VORDERE ODER
HINTERE UM-
SCHLAGKLAPPE)

1. Die Tortilla-Wraps nach
Packungsangabe erwärmen.

2. **Für die Füllung** die Klassische
oder Texmex-Jackfruit unter
Rühren etwa 10 Minuten in
einer Pfanne auf mittlerer
Flamme in Öl anbraten.

3. Die gewaschenen Tomaten
(ohne grünen Stielansatz) in
1 bis 2 Zentimeter große
Stücke schneiden. Die Salatblätter waschen und trocken
tupfen.

4. **Zum Fertigstellen** zunächst
je 1 gewaschenes Salatblatt
auf 1 Tortilla legen und dieses
mit 3 Esslöffeln Avocadocreme
bestreichen. Ein Drittel der
gebratenen Jackfruit darauf
verteilen und mit einem
Drittel der Tomatenstückchen
bedecken. Die Füllung in die
Wraps einschlagen, die beiden
Enden ggf. mit einem Zahnstocher zusammenstecken.

5. **Zum Servieren** die Tacos mit
Cashew-Knoblauch-Sauce beträufeln, mit Sesam bestreuen
und aus der Hand essen.

Chili sin Carne

1 Dose Jackfruit von *Jacky F.*
(Abtropfgewicht: 225 g)

3–4 EL Texmex-Sauce

1 kleine Zwiebel

1 große Knoblauchzehe

3 EL Bratöl

1 kleine grüne Paprikaschote

500 g Kidneybohnen
aus dem Glas/der Dose
(Abtropfgewicht)

80 g Mais
aus dem Glas/der Dose

660 g passierte Tomaten
aus dem Glas/der Dose

100 ml Wasser

1 TL Paprikapulver
(nach Geschmack mehr)

Chilipulver, Salz und frisch gemahlener schwarzer Pfeffer
nach Geschmack

1. Die Jackfruit-Stücke nach Angabe in der hinteren Umschlagklappe mit 3 bis 4 Esslöffeln Texmex-Sauce vorbereiten.

2. Die Zwiebel schälen und fein würfeln. Die Knoblauchzehe durch eine Knoblauchpresse drücken. Beides in Bratöl in einer Pfanne etwa 3 Minuten unter Rühren anbraten.

3. Vom gewaschenen Paprika den Stiel, die Kerne und die weißen Innenhäute entfernen. Das Fruchtfleisch in etwa 2 Zentimeter große Stücke schneiden. Diese zusammen mit der Texmex-Jackfruit ebenfalls in die Pfanne geben. Alles noch einmal gut 10 Minuten auf mittlerer bis hoher Flamme unter Rühren braten. Bei Bedarf noch etwas Öl hinzufügen.

4. Die Kidneybohnen durch ein Sieb abgießen, unter fließendem kaltem Wasser abspülen, abtropfen lassen. Mit dem Mais ebenso verfahren und beides mit den passierten Tomaten und dem Wasser in die Pfanne geben. Das Ganze aufkochen lassen, Paprikapulver dazugeben und mit Chilipulver, Salz und Pfeffer abschmecken. Das Chili noch einmal 10 Minuten auf mittlerer Flamme köcheln lassen.

ZEIT
CA. 35 MINUTEN

SERVIEREN
FÜR 4–6 PORTIONEN

JACKFRUIT
MIT TEXMEX-SAUCE WÜRZEN
(REZEPT HINTERE
UMSCHLAGKLAPPE)

Tipp:

Anstatt des Chili- und des Paprikapulvers kannst du auch ein geräuchertes, scharfes Paprikapulver verwenden.

Dieses Gericht eignet sich hervorragend, um es vorzukochen und portionsweise einzufrieren. Auch für ein großes Fest ist es ideal. Dazu kannst du Brot, Kartoffel-Wedges (Rezept Seite 47) oder Reis servieren.

Burrito Bowl

Diese bunte Burrito Bowl bringt einen Hauch von Mexiko in warme Sommernächte.

150 g Reis	**1.** Den Reis nach Packungsangabe kochen.
1 Dose Jackfruit von *Jacky F.* (Abtropf- gewicht: 225 g) 5 EL Texmex-Sauce	**2.** Die **Jackfruit-Stücke** nach Angabe in der hinteren Umschlagklappe mit 5 Esslöffeln Texmex-Sauce vorbereiten. Die Frucht- stücke dabei bitte nur **halbieren** (nicht klein zupfen!).
6 Cherry-Tomaten ½ rote Zwiebel 1 Avocado 3 EL Bratöl	**3.** Die Cherry-Tomaten waschen und (ohne grünen Stielansatz) nach Belieben vierteln oder halbieren. Die Zwiebel schälen und in etwa 0,3 Zentimeter dicke Scheiben schneiden, die einzelnen Ringe auseinander- ziehen.
4 EL Mais aus dem Glas/das Dose	**4.** Die Avocado halbieren, den Kern heraus- nehmen, die Avocadohälften schälen und das Fruchtfleisch und in 2 bis 3 Zentimeter große Stücke schneiden.
Olivenöl nach Belieben frisch gepresster Zitronensaft (nach Geschmack)	**5.** Die Texmex-Jackfruit unter Rühren etwa 8 Minuten in einer Pfanne auf mittlerer Flamme in Bratöl scharf anbraten.
Salz und frisch ge- mahlener schwarzer Pfeffer nach Geschmack etwas Sesam zum Bestreuen 4 Zitronenscheiben zum Anrichten	**6.** Den fertigen Reis auf zwei Schüsselchen verteilen, die Jackfruit darübergeben. Die restlichen Zutaten ebenfalls darauf verteilen. Zitronensaft und Olivenöl darüberträufeln, Salz, Pfeffer und Sesam darüberstreuen und die Bowl mit je 2 Zitronenscheiben dekoriert servieren.

 **ZEIT** CA. 35 MINUTEN

 SERVIEREN FÜR 2 PORTIONEN

JACKFRUIT MIT TEXMEX-SAUCE WÜRZEN (REZEPT HINTERE UMSCHLAGKLAPPE)

Tipp:

Wenn es mal schnell gehen soll, verwende ich die leckere *Grill & Tex Mex Sauce* von *Byodo*.

Roasted Jackfruit mit Spicy Cheeze-Dip auf Brot

© Lars Walther

Dieses Gericht stammt von Sophia Hoffmann, einer Köchin und Kochbuchautorin. Neben der Entwicklung kreativer, veganer Rezepte setzt sie sich als Aktivistin für Nachhaltigkeit und gegen Lebensmittelverschwendung, für soziale Gerechtigkeit und Feminismus ein.
www.sophiahoffmann.com

ZEIT
CA. 30 MINUTEN
(PLUS 1 STUNDE EINWEICHZEIT FÜR
DIE SONNENBLUMENKERNE)

SERVIEREN
FÜR 4 PORTIONEN

JACKFRUIT
WÜRZEN WIE HIER
ANGEGEBEN

Roasted Jackfruit

Gewürzte Jackfruit

1 Dose Jackfruit von *Jacky F.*

je 3 EL Olivenöl und Tomatenmark

2 gestr. TL geräuchertes Paprikapulver

½ TL Chipotle Chili-Pulver

1 Zwiebel

1–2 Knoblauchzehen

3 EL Bratöl

150 g Maiskörner aus dem Glas/der Dose

Salz, schwarzer Pfeffer, etwas Wasser

Spicy Cheeze-Dip

4 grüne Bratpaprikaschoten
(plus 4 Paprikas zum Dekorieren)

2 EL Olivenöl

100 g Sonnenblumenkerne,
1 Stunde in Wasser eingeweicht

1 TL Misopaste

je ½ TL (Rauch-)Salz und Kurkuma

2 TL Hefeflocken

1 kleine Knoblauchzehe, geschält

Saft von 1 Limette

Salz und schwarzer Pfeffer

Belag

Rucola, Endivie, Babyspinat, Asiasalat ...

ein paar dünne Scheiben gelbe Bete,
4 grüne Paprikas zur Dekoration und
etwas glatte Petersilie zum Bestreuen

4 Scheiben Brot

1. **Für die Roasted Jackfruit** die Jackfruit-Stücke nach Angabe in der vorderen Umschlagklappe mit Olivenöl, Tomatenmark, Paprika- und Chilipulver vorbereiten.

2. Die Zwiebel schälen, halbieren und beide Hälften in dünne halbe Ringe schneiden. Die Knoblauchzehen schälen und fein hacken. Beides mit der gewürzten Jackfruit in einer Pfanne etwa 10 Minuten auf mittlerer Flamme unter Rühren in Öl anbraten. Bei Bedarf noch etwas Bratöl hinzufügen. Dann den Mais dazugeben und 5 Minuten mitköcheln lassen, nach Belieben etwas Wasser hinzufügen. Mit Salz und Pfeffer würzen.

3. **Für den Cheeze-Dip** die 8 gewaschenen Bratpaprikaschoten in Öl anbraten, bis sie von allen Seiten schön gebräunt sind. Vom Herd nehmen und etwas abkühlen lassen. 4 Paprikas zum Dekorieren beiseitestellen. Die Sonnenblumenkerne durch ein Sieb abgießen und mit den restlichen Zutaten (auch 4 der angebratenen Paprikaschoten) sowie dem Öl vom Anbraten der Paprika im Hochleistungsmixer cremig pürieren. Salzen und pfeffern.

4. Die Brotscheiben kurz toasten, dann mit den Salatblättern belegen. Darauf die Roasted Jackfruit verteilen, 2 bis 3 Esslöffel Dip darübergeben, das Ganze mit Gelbe-Bete-Scheiben garnieren und mit grob gehackter Petersilie bestreuen. Obenauf je 1 Bratpaprika setzen.

Tipp:

Als Beilagen passen auch Reis, Quinoa, Süßkartoffeln und frischer Salat.

Mediterranes

Tipp: —————————

Du kannst statt des selbst gemachten Pizzabodens auch 3 kleine, runde fertige Pizzaböden verwenden.

Jackfruit-Pizza mit Rucola

Diese Jackfruit-Pizza ist die beste vegane Pizza, die mir je untergekommen ist. Einfach klasse! Also: Lass es dir schmecken!

ZEIT
CA. 45 MINUTEN

SERVIEREN
FÜR 1 BACKBLECH

JACKFRUIT
WÜRZEN WIE HIER ANGEGEBEN

Pizzaboden

1 TL gemahlene
Flohsamenschalen

200 ml lauwarmes Wasser

150 g Reismehl

50 g Maismehl (glutenfrei)

3 EL Olivenöl

etwas Salz

Pizzabelag

Gewürzte Jackfruit

1 Dose Jackfruit von *Jacky F.*
(Abtropfgewicht: 225 g)

je 2 EL Tomatenmark und Olivenöl

1 TL getrockneter Oregano

1 gestr. TL Paprikapulver

Salz und schwarzer Pfeffer

3 EL Bratöl

100 g frische Champignons

2 mittelgroße aromatische Tomaten

1 Handvoll Rucola

6 EL Cashew-Knoblauch-Sauce
(Rezept Seite 21)

Sauce

100 ml Mandelsahne

3 EL Tomatenmark *oder* passierte Tomaten

½ TL getrockneter Oregano

1 EL Olivenöl

Salz und schwarzer Pfeffer

1. **Für den Pizzaboden** die gemahlenen Flohsamenschalen etwa 2 Minuten lang mit einer Gabel mit dem Wasser verrühren. Reis- und Maismehl in eine Schüssel geben, das Flohsamenschalen-Wasser, das Olivenöl sowie Salz dazugeben und das Ganze mit einem Handrührgerät oder mit den Händen gut verkneten. Den Teig zu einer Kugel formen und 20 bis 30 Minuten im Kühlschrank ruhen lassen.

2. **Für den Belag** die Jackfruit-Stücke nach Angabe in der vorderen Umschlagklappe mit Tomatenmark, Olivenöl, Oregano, Paprikapulver, Salz und Pfeffer vorbereiten.

3. **Für die Sauce** alle Zutaten in eine kleine Schüssel geben und gut miteinander verrühren. Mit Salz und Pfeffer würzen.

4. Die Champignons putzen und in etwa 3 Millimeter dicke Scheiben schneiden, die gewaschenen Tomaten (ohne grünen Stielansatz) in dünne Spalten schneiden.

5. Die gewürzte Jackfruit in einer Pfanne auf mittlerer Flamme in Bratöl 8 bis 10 Minuten unter Rühren anbraten.

6. **Fertigstellen** Den Pizzateig aus dem Kühlschrank nehmen und auf einem mit Backpapier ausgelegten Backblech zu einem Boden ausrollen. Diesen mit Sauce bestreichen und die Champignon-scheiben, die Tomatenstücke sowie die angebratenen Jackfruit-Stücke darauf verteilen. Die Pizza im vorgeheizten Backofen bei 180 °C (Ober- und Unterhitze) 20 bis 25 Minuten backen.

7. Aus dem Ofen herausnehmen, den Rucola auf der bereits in Stücke geschnittenen Pizza verteilen. Die Cashew-Knoblauch-Sauce über die Pizza träufeln.

Jackfruit-Antipasti

*Antipasti sind eine allseits beliebte Vorspeise
und die Jackfruit macht sich darin besonders gut.*

Gewürzte Jackfruit

1 Dose Jackfruit von *Jacky F.*
(Abtropfgewicht: 225 g)

3 EL Olivenöl

2 TL getrockneter Rosmarin

Salz und frisch gemahlener
schwarzer Pfeffer nach Geschmack

1 Knoblauchzehe

3 EL Bratöl

Olivenöl zum Beträufeln
(nach Geschmack)

Antipasti aus dem Glas (nach
Wunsch; z. B. Oliven, süß eingelegte
Cherry-Tomaten, Champignons
oder andere eingelegte Pilze)

1. Die Jackfruit-Stücke nach Angabe in der vorderen Umschlagklappe mit Olivenöl, Rosmarin, Salz und Pfeffer vorbereiten.

2. Die Knoblauchzehe durch eine Knoblauchpresse drücken und in einer Pfanne in Bratöl unter Rühren auf mittlerer Flamme anbraten. Nach etwa 2 Minuten die gewürzte Jackfruit hinzugeben und alles zusammen unter Rühren gut 10 Minuten anbraten. Bei Bedarf noch etwas Öl hinzufügen.

3. Die angebratene Jackfruit über Nacht kühl stellen, am nächsten Tag mit etwas Olivenöl beträufeln und mit den fertigen Antipasti servieren.

ZEIT
CA. 15 MINUTEN

SERVIEREN
FÜR 3 PORTIONEN

JACKFRUIT
WÜRZEN WIE HIER
ANGEGEBEN

Lasagne

Lasagne ist ein Gericht, das mir in meinem veganen Leben wirklich sehr gefehlt hat, bis ich sie mit der Jackfruit wieder auf meinen Speiseplan zurückholen konnte. Was dabei herausgekommen ist, findet nun einen Platz in diesem Kochbuch.

Sauce

1 Portion
Mediterran gewürzte Jackfruit

3 EL Bratöl

200 g passierte Tomaten aus dem Glas/der Dose

500 ml Mandelsahne

Salz und frisch gemahlener schwarzer Pfeffer nach Geschmack

6 Lasagneplatten

200 g veganer Gratinkäse

1. **Für die Sauce** die Mediterran gewürzte Jackfruit in Öl in einer Pfanne auf mittlerer Flamme etwa 10 Minuten unter Rühren anbraten. Bei Bedarf noch etwas Bratöl hinzufügen. Die passierten Tomaten und die Mandelsahne hinzugeben und das Ganze etwa 5 Minuten einköcheln lassen. Die Sauce mit Salz und Pfeffer abschmecken.

2. So viel von der Sauce in eine Auflaufform geben, dass der Boden gut bedeckt ist. Die Sauce mit 2 Lasagneplatten abdecken. Das Ganze noch 2-mal wiederholen. Den Abschluss bildet dann eine Schicht Tomatensauce.

3. Die Lasagne im vorgeheizten Backofen (Ober- und Unterhitze) bei 200 °C etwa 25 Minuten garen. Die Auflaufform nach 15 Minuten kurz aus dem Ofen nehmen, den Gratinkäse darauf verteilen. Die Form noch einmal für etwa 10 Minuten in den Ofen geben.

ZEIT
CA. 55 MINUTEN

SERVIEREN
FÜR 4–6 PORTIONEN

JACKFRUIT
MEDITERRAN WÜRZEN
(REZEPT VORDERE
UMSCHLAGKLAPPE)

Tipp:

Die Lasagneplatten von *Byodo* sind glutenfrei und daher sehr empfehlenswert, wenn du auf Gluten verzichten willst oder musst.

Diese Spaghetti bolognese ist durch die spannenden Zutaten eine wahre Geschmacksexplosion in deinem Mund! Das absolute Comfort Food für den Feierabend und natürlich auch für verregnete Wochenenden.

Spaghetti bolognese

400 g Spaghetti

1 Knoblauchzehe

3 EL Bratöl

1 mittelgroße aromatische Tomate

1 Portion Mediterran gewürzte Jackfruit

350 ml Mandelsahne

3 TL Pesto arrabbiata

Salz und frisch gemahlener schwarzer Pfeffer nach Geschmack

2 EL Pinienkerne und ein paar Blättchen Basilikum zum Garnieren

1. Die Spaghetti nach Packungsangabe kochen.

2. Die Knoblauchzehe durch eine Knoblauchpresse drücken und in Bratöl in der Pfanne kurz anbraten. Die Tomate waschen und (ohne grünen Stielansatz) in 1 Zentimeter große Würfel schneiden, dazugeben und kurz mit anbraten.

3. Die Mediterran gewürzte Jackfruit hinzugeben und 8 bis 10 Minuten auf mittlerer Flamme mitbraten. Gelegentlich umrühren. Bei Bedarf noch etwas Bratöl hinzufügen.

4. Die Mandelsahne und das Pesto unterrühren. Die Sauce 5 Minuten auf mittlerer Flamme eindicken lassen. Mit Salz und Pfeffer abschmecken.

5. Die Pinienkerne kurz in einer separaten Pfanne (ohne Fett) auf hoher Flamme goldbraun anrösten. **Vorsicht!** Das geht recht schnell!

6. **Zum Servieren** die Spaghetti auf die Teller geben, mit Sauce übergießen und mit Pinienkernen und Basilikumblättchen dekorieren.

ZEIT
CA. 30 MINUTEN

SERVIEREN
FÜR 3 PORTIONEN

JACKFRUIT
MEDITERRAN WÜRZEN
(REZEPT VORDERE
UMSCHLAGKLAPPE)

Tipp:

Ich verwende hier gern das *Pesto Arrabbiata* von *Byodo*, weil es das Rezept durch seinen einzigartigen Geschmack wunderbar abrundet.

Gyros-Burger mit Zaziki

Gyros

½ Portion
Griechisch gewürzte Jackfruit

1 TL getrockneter Rosmarin

3 EL Bratöl

Belag

2 mittelgroße Kartoffeln
(vorwiegend festkochend)

½ rote Paprikaschote

1 TL getrockneter Rosmarin

Salz und frisch ge-
mahlener schwarzer Pfeffer
nach Geschmack

5 EL Olivenöl
(nach Geschmack mehr)

6 Scheiben Toastbrot

1–6 EL Zaziki
(Rezept Seite 20)

ZEIT
CA. 45 MINUTEN

SERVIEREN
FÜR 3 BURGER

JACKFRUIT
GRIECHISCH WÜRZEN
(REZEPT VORDERE
UMSCHLAGKLAPPE)

1. **Für den Belag** die Kartoffeln waschen und in etwa 3 Millimeter dicke Scheiben schneiden. Den Paprika waschen, Stiel, Kerne und weiße Innenhäute entfernen und das Fruchtfleisch in dünne Streifen schneiden. Beides getrennt mit ½ Teelöffel Rosmarin, Salz und Pfeffer würzen und mit je 2 ½ Esslöffeln Olivenöl vermengen.

2. Die Kartoffeln etwa 25 Minuten im vorgeheizten Backofen bei 200 °C (Ober- und Unterhitze) backen. Die gewürzten Paprikastreifen nach 5 Minuten zu den Kartoffeln in den Backofen geben und die letzten 15 Minuten mitbacken lassen.

3. Die Griechisch gewürzte Jackfruit in einer Pfanne auf hoher Flamme etwa 10 Minuten in Bratöl unter Rühren anbraten, bis sie knusprig sind. Bei Bedarf noch etwas Bratöl hinzufügen.

4. **Zum Fertigstellen** nun die Brotscheiben toasten. Auf 3 Scheiben je 1 bis 2 Esslöffel Zaziki geben, je ein Drittel der gebackenen Kartoffelscheiben sowie Paprikastreifen darauf verteilen und das Ganze mit dem Jackfruit-Gyros garnieren. Nach Belieben nochmals Zaziki darübergeben und die belegten Toastscheiben mit den restlichen 3 Scheiben bedecken.

Der Gyros-Burger mit Zaziki ist eine wunderbare Verbindung aus Fast Food und klassischer griechischer Küche.

Hühnerfrikassee gehört seit eh und je zu meinen Lieblingsspeisen. Umso glücklicher bin ich, dieses Gericht jetzt ganz einfach und leicht vegan zubereiten zu können.

„Hühner"- Frikassee mediterran

150 g Basmati-Reis

Gewürzte Jackfruit

1 Dose Jackfruit von *Jacky F.* (Abtropf-gewicht: 225 g)

2 EL Olivenöl

½ TL Paprikapulver

Salz und frisch gemahlener schwarzer Pfeffer nach Geschmack

150 g Champignons

2 EL Olivenöl

150 g Tiefkühl-Erbsen

400 ml Mandelsahne

2 Zweiglein Rosmarin und 2 weitere Zweiglein zum Garnieren

1. Den Reis nach Packungsangabe kochen.

2. Die Jackfruit-Stücke nach Angabe in der vorderen Umschlagklappe mit Olivenöl, Paprikapulver, Salz und Pfeffer vorbereiten.

3. Die Champignons putzen, in etwa 3 Millimeter dicke Scheiben schneiden und diese in einer Pfanne in Olivenöl auf mittlerer Flamme etwa 5 Minuten unter gelegentlichem Rühren anbraten. Die Erbsen dazugeben und 5 Minuten mitbraten.

4. Die gewürzte Jackfruit ebenfalls in die Pfanne geben und etwa 5 Minuten unter Rühren mit anbraten. Die Mandelsahne hinzugießen und die Rosmarinzweiglein in die Sauce legen. Die Sauce auf kleiner bis mittlerer Flamme einköcheln lassen und nach Geschmack mit Salz und Pfeffer nachwürzen. Den Rosmarin zum Schluss wieder herausnehmen.

5. Den Reis mit dem Frikassee und mit einem Rosmarinzweiglein dekoriert servieren.

ZEIT
CA. 35 MINUTEN

SERVIEREN
FÜR 2 PORTIONEN

JACKFRUIT
WÜRZEN WIE HIER
ANGEGEBEN

Asiatisches & Orientalisches

Mango-Curry

Dieses Mango-Curry mit seinem süßen und gleichzeitig herzhaften Geschmack entführt dich direkt in den Fernen Osten.

150 g (Basmati-)Reis

Gewürzte Jackfruit

1 Dose Jackfruit von *Jacky F.* (Abtropfgewicht: 225 g)

3 EL Olivenöl

1–2 EL Curry-Gewürzmischung (nach Geschmack)

Salz und frisch gemahlener schwarzer Pfeffer nach Geschmack

1 reife Mango

400 ml Kokosmilch

1 kleine Zwiebel

2 EL Bratöl

½ EL Curry-Gewürzmischung

Salz und frisch gemahlener schwarzer Pfeffer

frische Petersilie, schwarzer Sesam, etwas Curry-Gewürzmischung zum Garnieren

1. Den Reis nach Packungsangabe kochen.

2. Die Jackfruit-Stücke nach Angabe in der vorderen Umschlagklappe mit Olivenöl, Curry, Salz und Pfeffer vorbereiten.

3. In der Zwischenzeit die Mango schälen, das Fruchtfleisch vom Kern lösen und in etwa 2 Zentimeter große Würfel schneiden. Die Hälfte der Mangostücke zu der eingelegten Jackfruit geben und alles noch einmal gut vermengen. Etwa 10 Minuten ziehen lassen. Die andere Hälfte der Mangostücke mit etwa 6 Esslöffeln der Kokosmilch cremig pürieren.

4. Die Zwiebel schälen, fein würfeln und in Bratöl etwa 3 Minuten glasig andünsten. Die gewürzten Jackfruit- und Mangostücke dazugeben. Etwa 8 Minuten unter Rühren scharf anbraten. Bei Bedarf noch etwas Öl hinzufügen.

5. Die Mango-Kokosmilch-Mischung, die restliche Kokosmilch sowie die Curry-Gewürzmischung zur Jackfruit-Mango-Mischung geben. Alles gut verrühren und das Ganze etwa 5 Minuten auf kleiner Flamme sanft einköcheln lassen. Nach Geschmack mit Salz und Pfeffer würzen.

6. Den Reis auf den Tellern verteilen, das Curry danebensetzen, und das Ganze mit Petersilie, schwarzem Sesam und etwas Curry-Würzmischung garnieren.

ZEIT
CA. 30 MINUTEN

SERVIEREN
FÜR 2 GROSSE PORTIONEN

JACKFRUIT
WÜRZEN WIE HIER
ANGEGEBEN

Tipp:

Besonders lecker wird dieses Gericht, wenn du eine Mango-Curry-Gewürzmischung verwendest.

Glasnudeln mit Jackfruit, Lauch und Möhren

1 Portion
Asiatisch gewürzte Jackfruit

125 g glutenfreie Glasnudeln

2 mittelgroße Möhren

1 Stange Lauch

5 EL Bratöl mit Sesamnote

Salz und frisch gemahlener schwarzer Pfeffer nach Geschmack

schwarzer Sesam zum Bestreuen

1. Die **Jackfruit-Stücke** nach Angabe in der vorderen Umschlagklappe vorbereiten, dabei bitte nur **halbieren** (nicht klein zupfen!).

2. Die Glasnudeln nach Packungsangabe kochen.

3. Die Möhren und den Lauch waschen, putzen und in etwa 3 Millimeter dicke Scheiben schneiden. Die Möhrenscheiben in einer Pfanne oder einem Wok in 2 Esslöffeln Öl auf mittlerer Flamme vorsichtig anbraten. Nach 5 Minuten den Lauch hinzugeben und unter gelegentlichem Rühren etwa 10 Minuten mitbraten. Nach Geschmack mit Salz und Pfeffer würzen.

4. Die Asiatisch gewürzte Jackfruit in einer separaten Pfanne auf hoher Flamme unter Rühren 3 bis 5 Minuten in 3 Esslöffeln Öl anbraten, sodass sie goldbraun wird. Mit den Glasnudeln zum Gemüse geben und alles gut miteinander vermengen.

5. Das Gericht in Schüsseln mit schwarzem Sesam bestreut servieren.

ZEIT
CA. 40 MINUTEN

SERVIEREN
FÜR 2 PORTIONEN

JACKFRUIT
ASIATISCH WÜRZEN
(REZEPT VORDERE
UMSCHLAGKLAPPE)

Tipp:

Wenn du möchtest, kannst du für die besondere Note zum Schluss noch etwas Sesamöl darüberträufeln.

Hört sich das nicht fantastisch an? Und das ist es auch – versprochen! Ob als Hauptgericht in einem 3-Gänge-Menü oder als schnelles Mittagessen: Diese Glasnudeln mit Jackfruit sind ein ganz besonderer Gaumenschmaus.

Diese Rollen tragen ihren Namen nicht umsonst, denn sie sind die perfekten Begleiter für warme Sommertage, an denen es nichts Besseres gibt ... als eine kühle Jackfruit-Speise.

Sommerrollen

4 Blätter rundes
Reispapier

1. Das Reispapier nach Packungs-angabe auf einem Teller in Wasser einweichen.

Füllung

1 Portion
Klassisch gewürzte
Jackfruit

2. **Für die Füllung** die Klassisch gewürzte Jackfruit unter Rühren etwa 10 Mi-nuten in einer Pfanne auf mittlerer Flamme in Öl anbraten.

3 EL Bratöl

2 mittelgroße Möhren

2 Avocados

3. Die Möhren waschen, schälen und in etwa ½ Zentimeter dicke Stifte schnei-den. Die Avocados aufschneiden, den Kern herausnehmen, die Avocado-hälften schälen und das Fruchtfleisch in etwa 0,8 Zentimeter dicke Streifen schneiden.

1 Handvoll
frische Sprossen
(z. B. Brokkoli-,
Alfalfasprossen *oder*
eine Sprossenmischung
nach Wahl)

Sesamkörner
(wenn gewünscht)

4. **Zum Fertigstellen** die Reispapier-blätter aus dem Wasser nehmen, auf einen zweiten Teller legen, trocken tupfen und in die Mitte einen Streifen gebratene Jackfruit geben. Möhren-stifte und Avocadostreifen daneben platzieren und das Ganze mit den Sprossen und nach Belieben mit Sesamkörnern bestreuen. (**Achtung!** Platz lassen zum Einwickeln.)

Sojasauce, Tamari *oder*
eine andere Würzsauce

5. Das Reispapier mit der Füllung nun an zwei gegenüberliegenden Seiten einschlagen und von der anderen Seite her einrollen. Mit einem Schäl-chen Würzsauce servieren.

ZEIT
CA. 30 MINUTEN

SERVIEREN
FÜR 4 PORTIONEN

Tipp:

Ich verwende als Würzsauce gern *Coco Aminos Würzsauce* von *Big Tree Farms*, denn ich vertrage keine Sojasauce. Sie schmeckt ähnlich würzig und ist soja- und glutenfrei.

JACKFRUIT
KLASSISCH WÜRZEN
(REZEPT VORDERE
UMSCHLAGKLAPPE)

Tipps:

Stell dir eine Schale mit Wasser für deine Hände bereit, wenn du den klebrigen Sushireis auf den Algenblättern verteilst.

Für Uramaki (die Inside-out-Variante) das Algenblatt, nachdem die Reisschicht aufgetragen wurde, einfach umdrehen und die weiteren Zutaten direkt in die Mitte auf die Alge legen. Dann weiter vorgehen wie in Schritt 6 und 7 beschrieben. Zum Abschluss die **Uramaki** in schwarzem und weißem Sesam wälzen.

Statt Sojasauce kannst du eine soja- und glutenfreie würzige Alternative nehmen: *Coco Aminos Würzsauce* von *Big Tree Farms*.

Sushi

Sushi ist der japanische Klassiker, den man eigentlich mit rohen Fisch erwartet. Und auch hier springt die Jackfruit ein und beschert uns eine wundervolle, rein pflanzliche Alternative.

ZEIT		SERVIEREN		JACKFRUIT	
CA. 1½ STUNDEN (JE NACH REISSORTE)		FÜR 24 MAKI/URAMAKI		WÜRZEN WIE HIER ANGEGEBEN	

250 g Sushireis

Gewürzte Jackfruit

1 Dose Jackfruit von *Jacky F.* (Abtropfgewicht: 225 g)

3 EL Olivenöl

1 TL Paprikapulver edelsüß

Rauchsalz und frisch gemahlener schwarzer Pfeffer nach Geschmack

3 EL Bratöl

1 mittelgroße Möhre

2 Avocados

4 TL Reisessig

1 TL Ahornsirup

Salz nach Geschmack

4 Nori-Algenblätter

schwarzer und weißer Sesam (Menge nach Belieben) zum Bestreuen/Wälzen

1 Sushimatte (nach Bedarf)

etwas Wasser zum Befeuchten

Sojasauce, eingelegte Ingwerscheiben und Wasabipaste zum Servieren

1. Den Reis nach Packungsangabe kochen.

2. Die Jackfruit-Stücke nach Angabe in der vorderen Umschlagklappe mit Olivenöl, Paprikapulver, Rauchsalz und Pfeffer vorbereiten.

3. Die Möhre schälen und in etwa ½ Zentimeter dicke Streifen schneiden. Die Avocado halbieren, den Kern herausnehmen, die Avocadohälften schälen und das Fruchtfleisch in ½ bis 1 Zentimeter dicke Streifen schneiden.

4. Reisessig, Ahornsirup und Salz gut verrühren und unter den fertig gekochten Sushireis mengen. Abkühlen lassen.

5. Die gewürzte Jackfruit etwa 10 Minuten unter Rühren auf mittlerer Flamme in Öl leicht knusprig anbraten.

6. **Zum Fertigstellen** die Algenblätter (ggf. auf eine Sushimatte legen und) mit den Händen mit einer dünnen Reisschicht bedecken. (Dabei an einer Seite einen Streifen von etwa **2 Zentimeter**n zum „Verkleben" **frei lassen**.) Den Reis mit etwas weißem Sesam bestreuen und in der Mitte 3 bis 4 Möhrenstreifen, ein Viertel der Avocadostreifen und 2 bis 3 Esslöffel Jackfruit über die gesamte Länge eng zusammenlegen – parallel zum „Klebestreifen". Diesen mit Wasser befeuchten. Zum Zusammenrollen die Sushimatte so drehen, dass die belegte Alge vom eigenen Körper weg zum „Klebestreifen" hin eng und mit Druck aufgerollt werden kann. Dabei am Ende den befeuchteten Streifen gut festdrücken. Jede Rolle in 6 gleich große Stücke schneiden.

7. **Zum Servieren** die gerollten Sushi (**Maki**) mit Sesam bestreuen. Mit je 1 Schälchen Sojasauce, eingelegten Ingwerscheiben und Wasabipaste auf den Tisch bringen.

Pulled Jackfruit im Bao Bun

Bao Buns

300 g Mehl

½ Würfel Hefe

20 ml Speiseöl

etwas Salz und Zucker

120 ml warmes Wasser

Pulled Jackfruit

1 Dose Jackfruit von *Jacky F.*
(Abtropfgewicht: 225 g)

1 rote Zwiebel

1 Knoblauchzehe

2 TL gehackter Ingwer

1 Chilischote

2 EL Sesamöl geröstet

¼ Bund frisches
Korianderkraut

2 Frühlingszwiebeln
(mit Grün)

2 EL weißer Sesam

2 EL süße Sojasoße

3 Radieschen
zum Dekorieren

1. **Für die Bao Buns** die angegebenen Zutaten gut zu einem geschmeidigen Hefeteig verkneten. Diesen zugedeckt an einem warmen Ort etwa 30 Minuten gehen lassen.

2. Den Teig etwa ½ Zentimeter dick ausrollen und mit einer Tasse oder einem Schüsselchen 4 runde Fladen von etwa 10 Zentimetern Durchmesser ausstechen. Diese mit etwas Öl einpinseln, zusammenklappen und ein passend zurechtgeschnittenes Stück Backpapier zwischen die beiden Hälften legen. Die Rohlinge auf Backpapier noch einmal 30 Minuten gehen lassen.

3. Die Bao Buns in ein Bambusdampfset geben und in einem Topf im Wasserdampf etwa 10 Minuten garen, bis sie aufgehen und fluffig sind. Auf einem Backrost abkühlen lassen.

4. **Für die Pulled Jackfruit** zwischenzeitlich die **Jackfruit-Stücke** nach Angabe in der vorderen Umschlagklappe vorbereiten, dabei bitte nur **in dünne Scheiben schneiden** (nicht klein zupfen!).

5. Die Zwiebel und den Knoblauch fein würfeln. Die Chilischote (ohne Stielansatz, Kerne und weiße Innenhäute) sehr fein schneiden und beides mit dem Ingwer etwa 3 Minuten auf mittlerer Flamme in einer Pfanne in Sesamöl anbraten. Die Jackfruit dazugeben und 10 Minuten unter Rühren mitbraten. Bei Bedarf noch etwas Öl hinzufügen.

Dieses Rezept habe ich (Julia Huthmann) gemeinsam mit Argang Ghadiri in der Kochshow „Wissen schmeckt" ausprobiert und es begeistert mich noch immer. Sojasoße, Chili und Sesamöl passen einfach perfekt zur Jackfruit, wenn man es asiatisch mag.

6. Das Korianderkraut waschen und fein hacken. Die Frühlingszwiebeln ebenfalls waschen und in feine Ringe schneiden. Beides mit dem Sesam und der Sojasoße zur Jackfruit geben. Kurz mitbraten.

7. **Zum Fertigstellen** die Radieschen in dünne Scheiben schneiden. Die Jackfruit-Masse und die Radieschenscheiben in die Bao Buns füllen. Genießen.

ZEIT
CA. 1 ½ STUNDEN

SERVIEREN
FÜR 2–4 PORTIONEN
(4 BAO BANS)

JACKFRUIT
UNGEWÜRZT

Kichererbsensuppe mit Brokkoli-Jacky-Topping

Diese Kichererbsensuppe mit Ingwer und Kurkuma ist ein echtes Power-Gericht. Die Brokkoliröschen fungieren als knackige Croûtons ... und sind sozusagen das i-Tüpfelchen!

ZEIT
CA. 45 MINUTEN

SERVIEREN
FÜR 4 PORTIONEN

JACKFRUIT
KLASSISCH WÜRZEN
(REZEPT VORDERE
UMSCHLAGKLAPPE)

Topping

1 Portion
Klassisch gewürzte Jackfruit

5 EL Bratöl

150 g Brokkoli
(frisch oder tiefgefroren)

Salz und frisch ge-
mahlener schwarzer Pfeffer
nach Geschmack

Suppe

1 mittelgroße Süßkartoffel

1 kleine Zwiebel

2 EL Bratöl

1½ l Wasser

330 g Kichererbsen aus dem
Glas/der Dose (Abtropfgewicht)

1 Stück frische Kurkumawurzel
(ca. 2 cm)

1 Stück frische Ingwerwurzel
(ca. 1 cm)

1 Knoblauchzehe

1 Dose Kokosmilch (400 ml)

Salz und frisch ge-
mahlener schwarzer Pfeffer

1. **Für die Suppe** die Süßkartoffel schälen, in etwa 2 Zentimeter große Würfel schneiden. Die Zwiebel ebenfalls schälen, fein würfeln und in einem Topf in Öl glasig anbraten, die Süß- kartoffelwürfel dazugeben und etwa 3 Minuten mitbraten. Dabei regelmäßig umrühren. Mit Salz und Pfeffer würzen.

2. Mit Wasser aufgießen. Die Süßkartoffelstücke etwa 15 Minuten köcheln lassen, bis sie weich sind. Das Ganze zusammen mit den Kichererbsen, der grob gehackten Kurkuma- und Ingwerwurzel, der geschälten und grob gehackten Knoblauch- zehe und der Kokosmilch im Hochleistungsmixer cremig pürieren. Die Suppe in den Topf zurück- gießen und noch einmal erwärmen. Eventuell mit Salz und Pfeffer nachwürzen.

3. **Für das Topping** die Brokkoliröschen ggf. waschen und in einer Pfanne in 2 Esslöffeln Bratöl anbraten, mit Salz und Pfeffer abschme- cken. Die Klassisch gewürzt Jackfruit in einer zweiten Pfanne unter Rühren in 3 Esslöffeln Öl anbraten. Beides ist fertig, wenn eine leicht knusprige Konsistenz erreicht ist.

4. **Zum Servieren** die Suppe in Teller füllen, als Topping den Brokkoli und die Jackfruit darauf verteilen.

Tipp:

Falls du mit einem Pürierstab oder Hochleistungsmixer aus Plastik arbeitest, musst du die Suppe vor dem Mixen ein wenig abkühlen lassen.

Jackfruit-Falafel mit Hummus

250 g Kichererbsen
aus dem Glas/der Dose
(Abtropfgewicht)

½ Zwiebel

2 Knoblauchzehen

1 Msp. (geräuchertes) Chilipulver *oder* scharfes
Paprikapulver

Saft von ½ Zitrone

1 Handvoll
frische Petersilie

6–7 EL Kichererbsenmehl

1 Portion
Orientalisch gewürzte
Jackfruit

Salz und frisch ge-
mahlener schwarzer Pfeffer
nach Geschmack

ca. 11 EL Bratöl

1 Portion Hummus
(Rezept Seite 23)

1. Die Kichererbsen aus dem Glas durch ein Sieb abgießen, unter fließendem kaltem Wasser gut abspülen und abtropfen lassen. Die Zwiebel schälen, grob in Stücke schneiden und mit den Kichererbsen, den geschälten, grob gehackten Knoblauchzehen, dem Chilipulver, dem Zitronensaft und der gewaschenen, grob gehackten Petersilie im Hochleistungsmixer cremig pürieren. Die Falafel-Masse in eine Schüssel geben und das Kichererbsenmehl unterrühren. Mit Salz und Pfeffer abschmecken.

2. Die Orientalisch gewürzte Jackfruit etwa 5 Minuten unter Rühren in 3 Esslöffel Öl in einer Pfanne auf hoher Flamme scharf anbraten. Anschließend ebenfalls zur Falafel-Masse geben und alles noch einmal gut vermischen. Aus der Falafel-Masse Bällchen von etwa 3 Zentimetern Durchmesser formen. Die Falafel-Bällchen in den restlichen 8 Esslöffeln Öl in der Pfanne rundherum goldbraun anbraten.

3. Mit Hummus servieren.

ZEIT
CA. 45 MINUTEN

SERVIEREN
FÜR 4 PORTIONEN

JACKFRUIT
ORIENTALISCH WÜRZEN
(REZEPT VORDERE
UMSCHLAGKLAPPE)

Tipps:

Du kannst die Falafel-Bällchen auch in etwa 1 Liter hoch erhitzbarem Öl frittieren, bis sie goldbraun sind.

Wenn du die Petersilie nicht mitpürierst, sondern fein hackst und zum Schluss unter die Falafel-Masse mischst, hast du ein optisch spannendes Ergebnis.

Falafel hat seit Jahren einen festen Platz auf meinem Speiseplan. Umso schöner, dass meine Lieblingsfrucht, die Jackfruit, ganz hervorragend in die orientalischen Bällchen passt.

Dieser Salat entführt dich direkt in das Reich von Tausendundeiner Nacht. Die Kombination aus grünem Salat, Jackfruit, Datteln und verschiedenen Wurzelgemüsen macht ihn zu etwas ganz Besonderem.

Orientalischer Salat

1 Portion
Orientalisch gewürzte Jackfruit

1 mittelgroße Süßkartoffel

1 große Rote Bete

4–5 EL Olivenöl

½–1 gestr. TL gemahlener
Kreuzkümmel

Salz und frisch gemahlener
schwarzer Pfeffer nach Geschmack

1 kleiner Kopfsalat

1 mittelgroße orangefarbene
und 1 mittelgroße lilafarbene Möhre

4 Medjool-Datteln

Dressing

5 EL Olivenöl

ein paar Spritzer Zitronensaft

1 TL süßer Senf

½ TL gemahlener Kreuzkümmel

Salz und frisch gemahlener
schwarzer Pfeffer

enthäutete, halbierte Mandeln und
Cashewkerne (wenn gewünscht)
zum Bestreuen

1. Die **Jackfruit-Stücke** nach Angabe in der vorderen Umschlagklappe vorbereiten, dabei bitte nur **halbieren** (nicht klein zupfen!).

2. Die Süßkartoffel und die Rote Bete schälen. Die Süßkartoffel in etwa 8 Millimeter dicke Scheiben, die Rote Bete in etwa 1 Zentimeter große Würfel schneiden. Beides auf einem Backblech mit Olivenöl beträufeln, Kreuzkümmel, Salz und Pfeffer darüberstreuen und zusammen mit der Jackfruit im vorgeheizten Backofen 20 bis 25 Minuten bei 200 ° C (Ober- und Unterhitze) backen.

3. In der Zwischenzeit den Salat waschen und zerkleinern. Die Möhren ebenfalls waschen, bei Bedarf schälen und in 2 bis 4 Millimeter dicke Scheiben schneiden. Die Medjool-Datteln halbieren, den Kern entfernen und das Fruchtfleisch in etwa 1 Zentimeter große Stücke schneiden.

4. Den Salat, die Möhren und die Zutaten aus dem Backofen miteinander vermengen. Dattelstücke, Mandeln und Cashewkerne darüberstreuen.

5. Die Zutaten **für das Dressing** gut verrühren. Das Dressing über den Salat träufeln.

ZEIT
CA. 40 MINUTEN

SERVIEREN
FÜR 4 PORTIONEN

JACKFRUIT
ORIENTALISCH WÜRZEN
(REZEPT VORDERE
UMSCHLAGKLAPPE)

Döner

3 (glutenfreie) Pita-Brote

Füllung

100 g Pflücksalat

1 mittelgroße Tomate

1 kleine Salatgurke

2 EL Olivenöl

1 TL gehackter Basilikum

Salz und frisch ge-
mahlener schwarzer Pfeffer
nach Geschmack

1 Portion
Orientalisch gewürzte
Jackfruit

3 EL Bratöl

1 Portion Cashew-Knoblauch-
Sauce (Rezept Seite 21)

1. Das Pita-Brot nach Packungsangabe erwärmen und an-
schließend in der Mitte bis zur
Hälfte aufschneiden.

2. **Für die Füllung** den Salat, die
Tomate und die Gurke waschen.
Die Tomate (ohne grünen Stielansatz) und die Gurke (mit
Schale) in 1 bis 2 Zentimeter
große Stücke schneiden und
vermengen. Olivenöl, Basilikum
sowie Salz und Pfeffer nach
Belieben über die Tomaten-
Gurken-Mischung geben und
alles gut vermengen.

3. Die Jackfruit unter Rühren etwa
10 Minuten in einer Pfanne auf
mittlerer Flamme in Öl knusprig
anbraten.

4. **Zum Fertigstellen** zunächst
je ein Drittel des Pflücksalats
in die aufgeschnittenen Pita-
Brote geben, die Tomaten-
Gurken-Mischung auf die Brote
verteilen und zum Schluss
die gebratene Jackfruit hinzugeben. Den Döner mit
Cashew-Knoblauch-Sauce
beträufeln – und fertig ist der
beste vegane Döner der Welt!

ZEIT
CA. 30 MINUTEN

SERVIEREN
FÜR 3 PORTIONEN

JACKFRUIT
ORIENTALISCH WÜRZEN
(REZEPT VORDERE
UMSCHLAGKLAPPE)

Dass ein veganer Döner so einfach zuzubereiten ist und seinem Original zum Verwechseln ähnlich schmecken kann, hätte ich nicht gedacht. Die wunderbare Jackfruit macht's möglich!

Anhang

Empfehlungen & Bezugsquellen

Die folgenden Produkte haben in meiner Küche einen festen Platz, denn ihr Aroma und ihre Qualität haben mich (Julia Hupel) überzeugt:

Jackfruit von *Jacky F.* in Bioqualität – Die Hauptakteurin in diesem Buch! – erhältst du im Bioladen, im gut sortierten Supermarkt und unter *www.jackyf.com*.

Asia-Zutaten
Coco Aminos Würzsauce von *Big Tree Farms* (soja- und glutenfrei): im Bioladen und unter *www.bigtreefarms.de/*
Nori-Algenblätter: im Bioladen
Runde **Reispapier**-Blätter: im Bioladen

Bratöle & Olivenöl
Brat-Olive Mediterran von *Byodo*: im Bioladen und unter *www. byodo.de*
Bratöl Exquisit mit fein nussiger Sesamnote von *Byodo*: im Bioladen und unter *www.byodo.de*

Natives Olivenöl extra-mild von *Byodo*: im Bioladen und unter *www.byodo.de*

Crema di Balsamico
Crema con „Aceto Balsamico di Modena IGP" von *Byodo*: im Bioladen und unter *www.byodo.de*

Gewürze
Geräuchertes Paprikapulver: *Smokey Paprika* von *Sonnentor* erhältst du im Bioladen und unter *www.sonnentor.com*
Rauchsalz: *Smokey Salt* von *Sonnentor* erhältst du im Bioladen und unter *www.sonnentor.com*

Gewürzmischungen
Mango Curry von *Spicebar*: im Bioladen und unter *www.spicebar.de* (enthält Kurkuma, Mangopulver, Koriander, Kreuzkümmel, Zwiebel, Orangenschale, Paradieskörner, Curryblätter, Chili Jamaican Bell, Macis und Anis aus kontrolliert biologischem Anbau)

Rauchige Drecksau von *Spicebar*: im Bioladen und unter *www.spicebar.de* (enthält geräuchertes Paprikapulver, Rauchsalz, Kokosblütenzucker, schwarzen Rasavatpfeffer und gelbe Senfsaat aus kontrolliert biologischem Anbau)
Rub me Tender von *Sonnentor*: im Bioladen und unter *www.sonnentor.com* (Diese scharfe Würzmischung enthält Knoblauch, Bohnenkraut, Paprika edelsüß, Paprika scharf, Rosmarin, Kreuzkümmel, Wacholderbeeren, Galgant, Piment und gemahlenen Muskat aus kontrolliert biologischem Anbau.)

Mandelsahne: vegane Sahne von *Ecomil Cuisine* erhältst du im Bioladen

Mehle
Glutenfreies Mehl: *Bio Mehl-Mix-Kuchen* von *Bauckhof* erhältst du im Bioladen und unter *https://shop.bauckhof.de*
Glutenfreies Paniermehl: *Paniermehl Mais* von *Bauckhof* erhältst du im Bioladen und unter *https://shop.bauckhof.de*

Pasta, Pesto & Co.
Glutenfreie *Lasagne*platten *Mais Reis* von *Byodo*: im Bioladen und unter *www.byodo.de*
Glutenfreie Spaghetti, Fusilli und Penne von *Quinua Real*: im Bioladen
Pesto Arrabbiata von *Byodo*: im Bioladen und unter *www.byodo.de*

Pizzaböden und Pizzateig-Backmischungen
Glutenfreie Pizzaböden von *Schnitzer*: im Bioladen und unter *www.schnitzer.eu*
PizzaTeig glutenfrei von *Bauckhof*: Bioladen und unter *https://shop.bauckhof.de*

Spirulinaflocken von *Akal Food*: *https://akalfood.de*

Veganer Käse
Veganer Cheddarkäse von *Violife*: im Bioladen und unter *https://violifefoods.com*
Veganer Feta: *FeTo Natur*-Tofu von *Taifun* erhältst du im Bioladen und unter *www.taifun-tofu.de*
Veganer Gratinkäse von *Violife*: im Bioladen und unter *https://violifefoods.com*

Redaktion und Lektorat: Martina Klose, Freiburg
Korrektorat: Andrea Bistrich
Innenlayout: Andrew Triebe
Satz: Rosi Weiss
Fotos und Foodstyling: Julia Hupel; Christian Seeling (Seite 7, 14);
Adobe Stock (Seite 11); Sophia Hoffmann (Seite 58); Simon Hecht
(Seite 82)
Umschlaggestaltung: Andrew Triebe
Coverfoto: Julia Hupel; Backcover: Christian Seeling; hintere Um-
schlagklappe: Adobe Stock
Druck: Finidr Ltd., Český Těšín/Tschechien

Hans-Nietsch-Verlag
Industriestraße 20
64380 Roßdorf

www.nietsch.de
info@nietsch.de

ISBN 978-3-86264-831-3

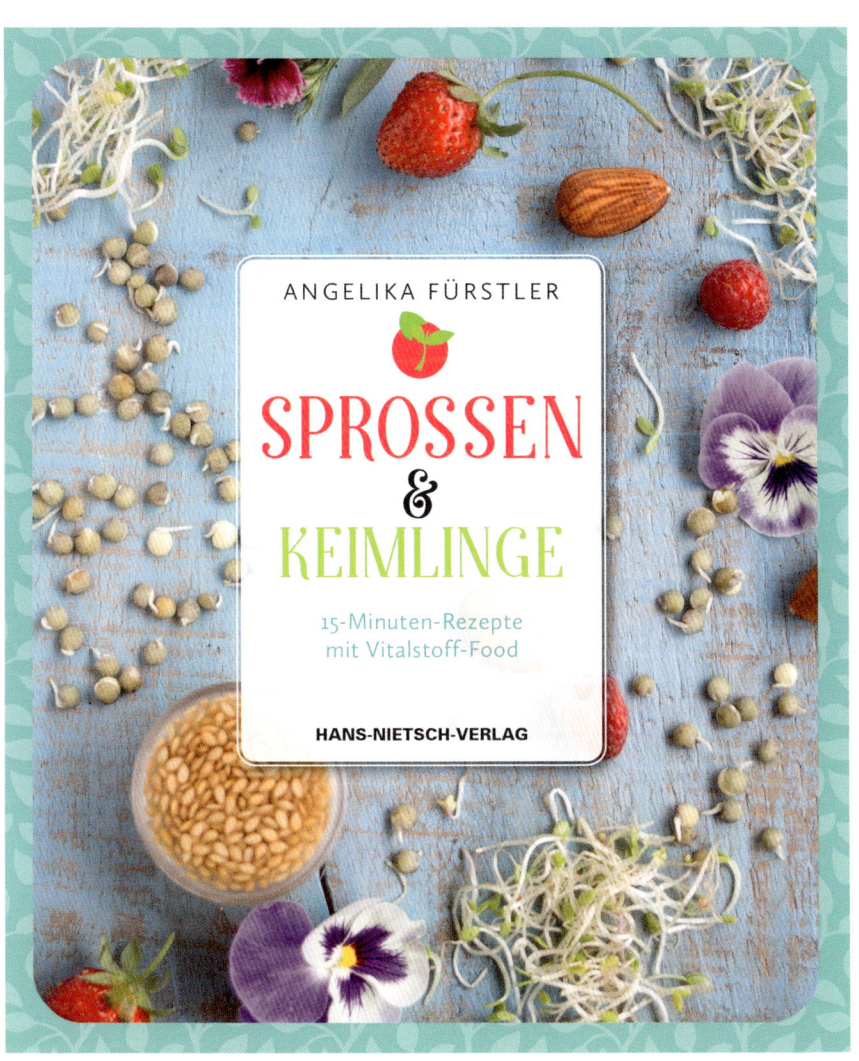

ANGELIKA FÜRSTLER

SPROSSEN
&
KEIMLINGE

15-Minuten-Rezepte
mit Vitalstoff-Food

HANS-NIETSCH-VERLAG

www.nietsch.de